Esther Schulz

Ich sehe den Himmel

Wie die Diagnose „Krebs“ den Blick auf das Leben und das Sterben klärte.

ISBN 978-3-9820170-8-2

Impressum

werdewelt Verlags- und Medienhaus GmbH
Aarstraße 6 | 35756 Mittenaar-Bicken | T +49 2772 5820-10
mail@werdewelt.info | www.werdewelt.info

Autor: Esther Schulz
Herausgeber: Benjamin Schulz & Günther Schulz
Gestaltung/Satz: www.werdewelt.info
Cover-Foto: Alain Mieg, www.alainmieg.com
Foto Esther Schulz: Uwe Klössing, www.werdewelt-berlin.info
Druck: CPI books GmbH

Esther Schulz

Ich sehe den Himmel

Wie die Diagnose „Krebs" den Blick auf das Leben und das Sterben klärte.

Hrsg. Benjamin Schulz & Günther Schulz

Inhaltsverzeichnis

Vorwort von Günther Schulz

Die Diagnose kam wie ein Hammerschlag: Lymphdrüsenkrebs von der bedrohlichsten Sorte. Eigentlich war es nur eine Schwellung. Aber meine Frau Esther sagte: „Ich muss ins Krankenhaus“. Dabei verabscheute sie Krankenhäuser. Ich vermutete schon da, dass es wirklich ernst war, sie hatte immer ein gutes Gespür. Es hatte vorher keine Anzeichen gegeben. Es hat uns völlig unvorbereitet getroffen.

Zuerst hatte ich Hoffnung, dass es nicht so schlimm sein wird. Die Ärzte konnten die befallene Lymphdrüse entfernen. Doch die Untersuchungen, die darauffolgten, bestätigten: Ab jetzt war alles anders, unser Leben würde sich radikal ändern.

Verwirrung und Orientierungslosigkeit

Ich versuchte einen kühlen Kopf zu bewahren, aber die Gedanken sausten hin und her: Wie wird sich das auswirken? Wir sind doch beide noch jung, Esther noch keine 60. Wir haben unsere Vorstellungen darüber, wie unser Leben nach meinen letzten Dienstjahren als Pastor aussehen soll. Keine großen Pläne, aber Wünsche, Erwartungen, von denen wir denken, dass sie nicht unerfüllbar sind. Was wird aus dem allen?

Mir ging die Familie durch den Sinn, unser Sohn mit Familie, die sechs Enkel, die Angehörigen, mein Dienst als Pastor und Begleiter anderer Pastoren, wie können wir in allem eine Balance finden? Oder gibt es keine?

Kampf um den richtigen Weg

Und ich ... ich litt mit meiner Frau in dieser Zeit der Suche nach dem richtigen Weg, dachte mit ihr nach über ihre Krankheitsgeschichten bisher. Sie hatte vor dreieinhalb Jahren schon einmal nahe an der Grenze des Todes gestanden. Und die Nöte mit Darmschwierigkeiten und den Ängsten und seelischen Belastungen, wenn die „Eingeweide" verrückt spielten, die hatte ich miterlebt.

In den letzten drei Jahren war alles einigermaßen wieder in die Reihe gekommen. Was hatten wir nicht eingesetzt, um ihre gesundheitliche Stabilität aufzubauen. Ich überlegte mit ihr gemeinsam und wusste doch, sie musste die Entscheidung mit sich in innerer Übereinstimmung treffen. Und ich ahnte schon: Chemo kam für sie nicht infrage.

„Ich stehe an deiner Seite."

Die Zerrissenheit begann, als alle, wirklich alle Fachärzte sagten: „Es geht nur mit Chemo". In den Momenten, wo uns hier die einzige Hoffnung vor Augen geführt und alles andere als „unglaubliche Dummheit" (manche Ärzte gebrauchten noch drastischer Worte) bezeichnet wurde, haben wir darum gerungen, nicht den Kopf zu verlieren und das zu tun, was wir (ja ich kann „wir" sagen), als richtig erkannt haben.
Es brauchte einige Tage, aber dann war für Esther alles klar. Ihre Entscheidung, keine Chemotherapie zu machen, konnte ich völlig nachvollziehen. Auch die Sorge, dass die Auswirkungen der Chemo bei ihr als hochsensiblem Menschen noch stärker ausfallen könnten, waren ein wichtiger Faktor im Entscheidungsprozess. „Gehst du mit mir diesen Weg,

egal wie er ausgeht?“, fragte sie mich. Für mich gab es kein Zögern.

Ein Umfeld aus Zweifeln und Verständnis

Diese Entscheidung war schwer, auch für die Familie. Würden die Angehörigen das verstehen und am Ende mittragen können? Ich als Vater und Großvater stand da als Vermittler „zwischen den Fronten“, musste hier erklären, dort um Verständnis werben.
Es zerriss manches Mal mein Herz, die Traurigkeit und den inneren Kampf der anderen zu sehen. Dies war in jeder weiteren Etappe der Krankheitsentwicklung immer wieder neu auszutragen und ich konnte beide Seiten so gut verstehen. Bei Esther die Überzeugung lieber ein gutes Jahr mit der Familie ohne Schmerzen, als mehrere Jahre Therapien mit allen Nebenwirkungen und dann langsam sterben. Bei der Familie der Wunsch, sie noch lange zu behalten. Beide Seiten litten.

Neuorientierung

Esther orientierte sich neu und riss mich ein Stück mit. Auch meine Prioritäten mussten jetzt neu geordnet werden. Ich wollte sie unterstützen mit allen Mitteln, die mir zur Verfügung standen. Bei ihr sein, mit ihr die Wege gehen, Zeit mit ihr verbringen. Wichtig war jetzt meine Frau, wichtig wir als Ehepaar, wichtig die Familie. Dass es ihr soweit wie möglich gut geht, war mein Antrieb. Sie hatte mich über 40 Jahre mehr unterstützt als ich sie, sie hatte sich oft hintenangestellt. Es war mir ein Bedürfnis, jetzt etwas zurückzugeben.

Auch unser Sohn und unserer Schwiegertochter wollten für uns da sein und baten uns in ihre Nähe zu ziehen. Ich kann Menschen verstehen, die Mühe damit haben, sich in einer solchen Lage umzustellen. Aber wir taten das dann sehr schnell. Und es war die beste Entscheidung, hinein in die Familie. Sie war für alles, was in diesem Jahr noch kommen würde, eine große Stütze.

Den Rücken stärken

Der Krebs wuchs. Er suchte sich sein Opfer. Das hat auch mich beängstigt, vor allem, weil kein Arzt bereit war, meiner Frau einen Rat zu geben, wie man „ohne Chemo“ weitergehen kann. „Ethisch nicht vertretbar“, hieß es. Und ich war nicht immer stark, wenn sie meine Stärke gebraucht hätte. Es gab verzweifelte Momente. Wir haben zu Gott geschrien, auch laut geklagt. Ich muss sagen, dass ich nicht grundsätzlich an der Entscheidung zweifelte, keine Chemo zu machen, aber doch in solchen Momenten Bedenken hatte, wenn eine neue Phase des Krebswachstums oder der Schmerzen kam.

Aber die Vorgeschichte war so klar, dass ich solche Gedanken schnell wieder verwarf. Ich konnte Angehörige verstehen, die sagten: „Aber mit Chemo würde sie länger leben“. Mag sein, dass das auch stimmte, aber wie würde Esther leben mit den Therapien und möglichen Bestrahlungen, bei ihrem hochsensiblen Körper. An anderen Tagen fragte sie mich: „Soll ich über einen anderen Weg nachdenken? Die Familie leidet so sehr.“ Ich habe sie dann gefragt: „Willst du das wirklich für dich?“, „Nein, ich würde es für die

Familie machen, aber ohne innere Überzeugung.", „Dann bleibe dabei, wir gehen weiter."

Im Heute Leben

Wir hatten fröhliche Tage, wenn die Schmerzen im Griff, waren und das war die meiste Zeit so. Wir konnten noch gemeinsam Spaziergänge machen, Einkäufe tätigen, Verwandte besuchen, Feste feiern. Diese Tage sind mir in dankbarer Erinnerung, wir haben viel gelacht und die Tage genossen. Und es gab schreckliche Tage, wenn der Krebs wieder eine neue Phase erreichte. Dann haben wir gemeinsam gelitten, ehe dann die richtige Schmerz-Medikation anschlug.

Die dankbare Freude, dass wir ein Jahr mit echter Lebensqualität, eine besondere Zeit für uns beide hatten, überwiegt bei mir den Verlust. Esther sagte später: „Die beste Zeit unseres Lebens". Davon war ich irritiert: Wie konnte sie das sagen? „Nun, du bist immer da, so hatte ich mir das gewünscht für unseren Lebensabend, so eng, so ganz füreinander". Es hat mich dankbar und glücklich gemacht, dass ich dazu beitragen durfte. Ich sagte ihr: „Ich fühle mich gewürdigt, dass ich dich begleiten darf."

Als sie dann nicht mehr laufen konnte, das Pflegebett ins Wohnzimmer kam, da übernahm ich den Haushalt und die tägliche Koordinierung mit Ärzten, Palliativteam und Pflegedienst. Und sagte ihr: „Ja es ist anstrengend, aber es ist nicht schwer, weil du so dankbar bist an jedem Tag".

Die Kraft aus der Quelle des Glaubens, den wir teilten

Wir stärkten uns täglich für „Heute" in der Liebe Gottes, die keine Fehler macht, das glaubten wir zusammen, das glaube ich nun allein. Esther freute sich, ihren Erlöser Jesus zu sehen und hat es den vielen Menschen, die an ihrem Bett saßen, mit großer Freude erzählt. Und die Besucher sagten: „Wir gehen mit großer Hoffnung nach Hause."

Am 8. Juli ist sie in den Himmel gegangen, friedlich eingeschlafen. Unser Sohn und ich, wir waren dabei, die Familie den Tag über da. Das hat ihr gefallen, so wünschte sie es. Ein Geschenk, dass es so kommen konnte. Ich habe Frieden. Ich weiß meine Frau in den besten Händen.

Wir verarbeiten weiter

Ich bedauere nichts, halte den Weg im Nachhinein für richtig. Wir haben eine besondere Zeit gelebt von mehr als einem Jahr. Der Frieden, der sich über das alles ausbreitete, der bis zu ihrem Sterben ging, gibt mir eine tiefe Dankbarkeit und mir selbst Frieden. Die Lücke ist da, der Stuhl ist leer, wenn ich jetzt durch unsere Wohnung gehe. Ich bleibe dort wohnen, die guten Erinnerungen überwiegen. Sie sind größer als der Abschiedsschmerz.

In ihrem Lieblingslied der Sängerin Dania König *„Je und je geliebt"*, heißt es:

„Stellt euch Wegweiser auf,
damit ihr euch nicht mehr verirrt,
setzt euch Steinmale und richtet euren Blick
auf die Straße, an deren Wegrand Blumen blühn',
es gibt Glück nach allem Leide.
Ich verwandle deine Trauer in Freude."

Ich habe meine Enkel gefragt, was sie von Oma in Erinnerung behalten. Es tut mir gut, mit ihnen unbeschwert über Omas Abschied zu sprechen. Wir haben uns Gedenksteine gemacht, große Kieselsteine bemalt, die uns an ihre Eigenschaften erinnern. „Echt ist sie gewesen", sagte ein Enkel, „hoffnungssicher auf den Himmel", der andere. Ich habe die Steine auf meine Veranda gelegt, und wenn wir darüber ins Gespräch kommen, merken wir: sie ist immer noch präsent und bleibt.

Prolog – Dann wird nur noch Tag sein

Darauf freue ich mich, keine Nacht, keine Angst, keine Dunkelheit, keine Unsicherheit, nur noch Geborgenheit. Dann wird es kein Leid mehr geben, keine Träne, kein Geschrei. Mir fallen Lieder ein, die ich mit meinen Eltern gesungen habe. „Bald erscheint jener Tag, wo kein Herzeleid wird sein." „Wenn mein Wandern endet, seh' vom Glanz geblendet, ich den Himmelsmorgen in der Herrlichkeit." „Es erglänzt uns von ferne ein Land."

Glaube ist loslassen. Abel hat sein Leben losgelassen zur Ehre Gottes, weil er das Opfer der Hingabe bringen wollte. Henoch hat die Erde losgelassen – für die Gemeinschaft mit Gott. Noah hat die alte Erde hinter sich gelassen, um auf der neuen anzukommen. Abraham hat sein Vaterland hinter sich gelassen. Sara hat den Blick auf ihren alten Körper und ihre jahrzehntelange Enttäuschung, dass sie keine Kinder bekommen konnte, losgelassen und stattdessen Gott vertraut.

Kann ich loslassen?
Wie Abel mein Leben?
Wie Henoch diese Erde?
Wie Noah die alte Welt für eine neue?
Wie Abraham mein Vaterland?
Wie Sara den Blick auf das Sichtbare?

Wir, die wir nicht auf das Sichtbare, sondern auf das Unsichtbare sehen, sind wir das als Christen? Und Jesus ist im Himmel, um uns Wohnungen zu machen. Wenn Jesus das macht, dann sind das keine Höhlen, keine Bruchbuden. Ja aber, kann man sich das denn vorstellen? Das wird ja alles noch viel Schöner als auf dieser Erde. Kaum vorstellbar, wir haben schon so eine himmlische Wohnung jetzt.

Also stell ich mir das Schönste vor, was ich mir vorstellen kann.

Randy Allcorn schreibt in seinem Buch „Der Himmel“[1]: Es ist ein realer Ort, ein richtiges Zuhause, mit einem Garten, in dem wir wirken. Mit Straßen, über die wir laufen, es sind Flüsse und Bäume dort, Früchte, die wir essen. Und ein Tag, der niemals mehr endet.

Ich möchte in der Großküche mitwirken und das Hochzeitsmahl vorbereiten. Das ist das schönste Buffet, das man sich vorstellen kann.

[1] *Randy Alcorn „Der Himmel“, SCM- Verlag, 6.Auflage 2010*

Es passiert mir nichts, was nicht geschehen soll

Die Entscheidung gegen die Chemo

Am 29. Mai 2018 erhielt ich die Diagnose: Krebs. Es war eher ein Zufall. Ein Witz, wenn so eine Diagnose zum Lachen wäre. Die Ärzte dachten, ich hätte einen akuten Leistenbruch. Auf dem Ultraschall war klar erkennbar, dass bereits Flüssigkeit in meinen Bauch ausgetreten war. Sie dachten, sie müssten notoperieren. Doch als ich dann vor ihnen auf dem OP-Tisch lag, sahen sie, dass ich gar keinen Leistenbruch erlitten hatte. Stattdessen war eine Lymphdrüse geplatzt.
Als nach der OP die Tür zu meinem Zimmer aufging und der Chefoperateur reinkam, schwitzten meine Hände. Warum kommt ein Arzt vorbei, wenn alles gut gelaufen ist? Er sprach es aus, ich entgegnete „OK“, und atmete tief durch, schluckte und nahm das Thema in mich auf.
Etwa eine halbe Stunde später kam mein Mann Günther. Wie saßen zusammen, sprachen, überlegten: Wie ist das jetzt, wenn einen selbst so etwas betrifft? Es war, wie zwischen zwei Welten hängen, ein Schwebezustand. So haben wir den Tag zusammen vergehen lassen. Die Nachricht musste sich erstmal setzen.
Am nächsten Morgen kam der Arzt, der mich operiert hatte, in meinem Zimmer vorbei. Ein wirklich empathischer Arzt, der etwas aus der Fassung geriet, als er merkte, wie gelassen ich mit der Diagnose umgehen konnte, bereits einen Tag später. Es hatte mich nicht vom Sockel gehauen. Er empfahl einen Psychologen zu Rate zu ziehen, doch das war gar nicht nötig. Ich hatte in der Nacht sehr vieles verinnerlicht und verarbeitet. Ich war ganz ruhig und gelassen, weil ich wusste, es passiert mir nichts, was nicht geschehen soll.

Der Arzt war sehr optimistisch. Er erklärte mir genau, was Lymphdrüsenkrebs ist, was Non-Hodgkin-Lymphom bedeutet und gab mir einen Termin bei einem Onkologen im selben Krankenhaus. Günther, mein Sohn Ben und seine Frau Alex begleiteten mich. Der Onkologe klärte mich dann ebenfalls über die Lage auf. Doch als ich ihm mitteilte, dass ich mich gegen eine Chemotherapie entschieden hatte, änderte sich die Situation radikal. Der Onkologe wurde sehr deutlich und explizit darin, mir zu erklären, was in diesem Fall auf mich zukommen wird. Er wusste einfach nicht, wie man mit Menschen in solchen Situationen kommuniziert, Sozialkompetenz gleich Null. Das war hart, nicht nur für mich, sondern auch für meine Familie, die mich mit ihrer Begleitung unterstützen wollte.

Zurück auf der Station sprach ich wieder mit dem Arzt, der mich operiert hatte, und teilte ihm auch mit, dass der Besuch ein Griff ins Klo gewesen war. Er wollte mir einen anderen Onkologen vermitteln, aber eigentlich wollte ich das nicht.

Ich war zu diesem Zeitpunkt auf dem Weg, den ich gehen wollte, klar. Der Prozess der Festigung dieser Entscheidung hatte etwa 1,5 Tage gedauert. Im Gespräch mit Günther erkannte ich, dass eine Chemotherapie für mich nicht in Frage kam. Wenn ich etwas für mich erkannt habe und einen inneren Frieden darüber in mir spüre, dann gehe ich diesen Weg, egal wie viele Menschen mir sagen, dass meine Entscheidung die Falsche ist. Das ist dann nicht veränderbar. Ich bin mir auch sicher, dass ich mit einer anderen Entscheidung nicht so zufrieden hätte leben können. Das hätte mich nicht in Frieden versetzt, sondern aufgewühlt.

Ich stand 100 % hinter meiner Entscheidung und das war auch gut so.
Ich habe mich dann aber entgegen meinem Gefühl auf den Termin in der Krebsklinik Essen eingelassen. Wir bekamen aufgrund der Vermittlung sogar recht zeitnah einen Termin. Am 7. Juni 2018 wurde ich aus dem Krankenhaus entlassen und Anfang Juli sind wir zusammen nach Essen gefahren. Der Professor, der uns dort empfing, war sehr empathisch und nett. Ich hatte auch das Gefühl, dass er mich im Ganzen wahrnahm, indem er mich untersuchte, auf Verdickungen abtastete und ein CT ansetzte. Ich fühlte mich bei ihm in kompetenten Händen, sagte ihm aber auch klar, dass ich mich gegen die Chemo entschieden hatte. „OK, dann brauchen wir auch keine weiteren CTs machen. Das schont Ihren Körper vor noch mehr Gift“, antwortete er. Das war mir sehr recht. Er machte aber auch klar, dass er meine Entscheidung aus seiner Sicht nicht verstehen könne, es gäbe die Chance auf Heilung, aber er respektiere meine Haltung. Mehr wollte ich auch nicht.
Was meine Entscheidung stark beeinflusst hat, waren meine Erfahrungen, die ich mit Menschen, die Krebs hatten, erlebt habe. Ich war 20 Jahre Gemeindediakonin in der Gemeinde Hagen und habe in dieser Zeit viele Fälle begleitet. Ich habe gesehen, was diese Menschen aushalten mussten, wie sie gelitten haben. Es gab auch positive Beispiele, besonders bei jüngeren Menschen, die diese Krankheit körperlich wie psychisch überwunden haben. Aber ob es nicht doch bleibt oder wiederkommt, das weiß man ja nie. Andererseits habe ich auch viele gesehen, die gelitten haben wie ein Hund. Und ich weiß, was leiden wie ein Hund bedeutet.

Ich selbst hatte vor etwa fünf Jahren eine schwerwiegende Darmerkrankung, unter der ich enorm gelitten habe. Damals war ich schon einmal kurz davor zu sterben, weil die Krankheit mir alle Energie genommen hatte. Mein Darm verarbeitete nichts mehr und es dauerte lange bis ich das wieder im Griff hatte. Jetzt lief erst seit eineinhalb Jahren wieder alles bei mir gut, da wollte ich meinem angeschlagenen Körper nichts zumuten, was auf das Immunsystem, damit wieder auf meinen Darm und damit wieder auf meine Psyche Einfluss hatte. Es ging mir zum Zeitpunkt der Diagnose wirklich gut, das wollte ich mir nicht wieder kaputt machen lassen. Dann lieber ein Jahr mit einer super Lebensqualität, statt nach drei Wochen von der Belastung der Chemotherapie zu sterben. Ich sah mich schon, wie ich nur daliegen würde, wie mich diese Art der Therapie zugrunde richten würde. Und es hätte wirklich alles, was ich mir mühevoll erarbeitet hatte, kaputt gemacht. Dazu war ich nicht bereit.

Rückblick aus dem Tagebuch

Bald ein Jahr krank

Der 12. Monat unserer Reise hat begonnen. Am 29. Mai im letzten Jahr war ich im Krankenhaus und bekam die Diagnose. Jetzt, 11 Monate später, haben wir so vieles erlebt.

Ich kann heute wieder besser laufen, die Schmerzmedikation wirkt wieder, allerdings nehme ich die Kortison-Tabletten jetzt abends. Ich konnte letzte Nacht so gut schlafen. Das ist

völlig gegen die Erfahrung der Ärzte, die sagen, dann kann man nachts nicht schlafen. Bei mir läuft manches einfach anders herum. Da bin ich gespannt auf heute Nacht.

Ich habe aufgrund meiner Hochsensibilität ein besonderes Verhältnis zu meinem Körper, ich bin sehr sensibel dafür, was er braucht und was nicht. Andere Menschen würden in so einer Situation vielleicht eher nochmal etwas ausprobieren, weil sie einfach nicht diese Verbindung zu ihrem Körper haben. Theoretisch hätte es natürlich sein können, dass die Chemo mir Heilung bringt. Aber mit welcher Lebensqualität? Lebensverlängerung mit ungewissem Ausgang – das war für mich einfach nicht erstrebenswert. Nicht allen Menschen ist täglich bewusst, dass ihr Leben zu Ende gehen wird. Die Ärzte sprachen bei mir von etwa einem Jahr, plus minus. Die weniger werdende Zeit machte mich aber nicht nervös. Ich habe mir für mein Leben immer nur gewünscht, meine Berufung, deren Teil es war, Menschen Gott und Jesus näher zu bringen, bis an mein Lebensende leben zu können. Ich erlebe die Tage, die nach der Diagnose vergingen, bewusster. Ich lebe mehr im Heute, weil ich nicht weiß, ob es ein Morgen für mich noch gibt. Pläne reichen höchstens in die nächste Woche hinein, alles weitere ist nicht absehbar.
Früher habe ich Jahre im Voraus geplant, ich wusste genau, was ich zu welchem Datum machen würde. Das ergab sich aus meinem Dienst und durch den Beruf meines Mannes eigentlich von selbst. Ich konnte Günther zu Ostern fragen: „Sag mal, wir haben doch im Dezember diese Adventsfeier, kannst du mir schon das Thema sagen, worüber du

sprechen wirst?". An Ostern! So war ich, das hat sich auf jeden Fall sehr verändert. Zeit ist für mich heute, jetzt.

Ben

Wir hatten Pläne. Die Diagnose knallte in unser Leben und zerbombte alles, was wir uns vorgestellt hatten. Ich wusste, dass mein Vater noch ungefähr fünf Jahre arbeiten würde bis zur Rente. Wir sprachen als Familie häufiger darüber, auch deshalb, weil ich das einzige Kind meiner Eltern bin und ich für beide da sein wollte. Ich selbst bin in Mittelhessen verwurzelt und habe auch langfristig nicht den Plan, in die Heimat meiner Kindheit zurückzukehren. Aus diesem Grund planten wir gemeinsam in der Nähe meines Wohnortes ein Grundstück zu kaufen. Darauf wollten wir ein barrierefreies und altersgerechtes, kleines Häuschen bauen, sodass meine Eltern dort wohnen könnten und gleichzeitig in meiner Nähe sind. Sehr langfristig hatte ich im Sinn, mein eigenes, großes Haus im Alter zu verkaufen und mit meiner Frau zusammen in das kleine zu ziehen.

Wir hatten bereits ein Grundstück in Aussicht, wir hatten schon ein Jahr Planungsarbeit mit einem Architekten investiert, hatten fertige Baupläne, es war eigentlich alles bereit. Im April 2018 waren wir bei einer Bank und waren kurz davor, alles in die Wege zu leiten und das Grundstück zu kaufen. Vier Wochen später war ich gerade mit einer Geschäftspartnerin bei einem großen Auftrag in Frankfurt mit 80 Leuten, da rief mich mein Vater am Mittag an und sagte: „Wir müssen mal reden", und erzählte mir von der Krebsdiagnose. Noch am selben Tag habe ich den Grundstückskauf gestoppt, habe den Architekten bezahlt und alles weitere auf Eis gelegt. Mir

war sofort klar, dass unsere Pläne jetzt keinen Sinn mehr machten.
Direkt im Anschluss dachte ich darüber nach, was wir jetzt tun konnten und zwar so schnell wie möglich, um die beiden zu unterstützen. Ganz klar, wir mussten umdenken. Die Distanz von mir zu meinen Eltern betrug 120 Kilometer – das machte mich handlungsunfähig. Deshalb sagte ich meinen Eltern: „Ich kann euch von hier aus nicht unterstützen, überlegt bitte, ob ihr nicht hier her ziehen könnt." Meine Mutter war zu diesem Zeitpunkt noch in einem Zustand, in dem sie einen Umzug machen konnte, die Wunde, die ein halbes Jahr nach dem Umzug entstand, war noch nicht offen, sie konnte sich bewegen, konnte laufen, war mobil. Es musste aber rasch passieren, niemand wusste wie die Situation in ein paar Monaten aussehen würde. Innerhalb von sechs bis acht Wochen, nachdem wir den Umzug beschlossen hatten, fand ich eine Wohnung für beide. Ende August bis Mitte September war der Umzug.
Damit zeigte sich mal wieder, dass Pläne natürlich wichtig sind, aber die Rahmenbedingungen hatten sich radikal von einem Tag auf den anderen verändert. Es machte keinen Sinn, dem nachzutrauern. Es musste jetzt eine andere Lösung her – und wir fanden eine.

Für mich war mit der Entscheidung gegen die Chemo klar, dass ich ein Pflegefall werden würde und Günther jede Hilfe, die wir bekommen können, brauchen wird. Also sagten wir „Ja" zum Umzug und Ben kümmerte sich darum, eine Wohnung zu finden. Unsere Pläne haben sich alle der neuen Situation unterordnen müssen. Aber vorerst sind wir bis auf den Umzug den Weg weitergegangen, den wir in unserem Jahresplan festgehalten hatten – so lange ich konnte. Wir haben im Sommer 2018 Urlaub im Bayrischen Wald gemacht und waren auf einer Freizeit, die Günther geleitet hat. Interessant war daran, dass wir das erste Mal in unserem Leben so eine lange Zeit von Hagen weg waren. Sechs Wochen waren wir unterwegs und es war wirklich toll. Wir haben sie gut genutzt und über vieles gesprochen. Ich liebe auch die Berge. Wir sind viel gewandert, haben zusammen meinen Bruder in Österreich besucht – das war zwar schon vorher so geplant, aber im Nachhinein habe ich das Gefühl, dass wir die Zeit sehr intensiv genutzt haben, indem wir im Heute waren und uns sagten: „Wie schön, dass wir das heute erleben können".

Wenn Sie keine Chemo machen, behandeln wir Sie nicht

Schulmedizinische Enttäuschungen

Schon als Kind habe ich negative Erfahrungen mit Ärzten gemacht. Als Zehnjährige bin ich von der Schaukel gerutscht und der behandelnde Arzt, der Verrückte, hat mir aufgrund meiner Verletzung alle zehn Zehennägel ohne Betäubung gezogen. Das war früher so, zack, zack, zack „das geht ganz schnell“, ja, aber es hat höllisch wehgetan. Ein anderes Erlebnis: Mein Onkel war Zahnarzt. Es war furchtbar, wenn er schon im weißen Kittel erschien. Als Kind bin ich dann unter den Schreibtisch gekrabbelt, denn ich wusste genau, was dieser Aufzug bedeutete.

Bei meinem letzten Versuch, einen Onkologen aufzusuchen, hatte ich im Dezember 2018 ein sehr unschönes Erlebnis. Der Grund für den Termin war, dass ich mich darüber beraten lassen wollte, wie ich mit der sich irgendwann öffnenden Wunde umgehen sollte. Kein Arzt war bereit, mich darüber zu informieren, wie ich verfahren soll, sobald die Wunde aufgeht. Alle sagten mir: „Wenn Sie keine Chemo machen, behandeln wir Sie nicht“.

Das brachte mich in die Situation, mich selbst zu informieren. In mühsamer Arbeit durchforstete ich das Internet nach der Frage „Wie behandle ich sowas?“. Nicht mal mein Hausarzt schaute sich die Wunde an, bis heute nicht. Er will nicht die Verantwortung dafür übernehmen, denn in Deutschland ist es für Ärzte ethisch nicht vertretbar, keine Chemotherapie zu machen. Weil er sich selbst der Sache nicht gewachsen sah, meinen Wunsch nach Beratung aber nachvollziehen konnte, riet er mir, mich von einem Onkologen beraten zu lassen. Also vereinbarten wir einen Termin in der Uniklinik Gießen.

Günther und ich fuhren gemeinsam zum Termin und standen dann vor diesem Arzt. Ich sagte: „Ich würde mich gerne von Ihnen beraten lassen", worauf er antwortete: „Was denn für eine Beratung? Sie machen immer noch keine Chemo? Was soll das denn?".

Die Luft brannte als ich sagte: „Moment mal, wir reden jetzt hier nicht über eine Chemo, ich möchte einfach eine Beratung von Ihnen, wie ich damit weiter umgehen soll".

„Das ist ja schön, die kriegen Sie aber von mir nicht. Ich kann Ihnen nur sagen: Gehen Sie nach Hause zum Sterben, das wird eine riesen Sauerei!".

So etwas Menschenverachtendes! Ich bin noch nie in meinem Leben von einem Menschen so behandelt worden. Günther und ich sahen uns daraufhin nur an und verließen den Behandlungsraum. Draußen habe ich meinen Mann das erste Mal ein böses Wort sagen hören: „So ein Arschloch!". Das habe ich genauso nachempfinden können. Nach dieser Erfahrung war ich erstmal komplett bedient, was Ärzte betrifft, dass ich immer nur gesagt habe: „Bleib' mir weg mit denen, ich will keinen mehr sehen". Bis auf dieses Erlebnis waren Günther und ich von Mai 2018 bis Januar 2019 ohne ärztliche Begleitung, also auf uns allein gestellt. Ganz ohne Ärzte war es aber auch nicht möglich. Ich hatte heftige Bauchschmerzen als klar war, dass ein Palliativarzt mit seinem Team meine Behandlung übernehmen muss. Jedes Gespräch mit einem Arzt hatte mich Kraft gekostet. Jedes Mal musste ich mich rechtfertigen, musste ich mich, so fest es ging, gegen deren Meinung stemmen, um bei mir selbst bleiben zu können. Und eine Krebserkrankung macht schlapp, die Energie geht einem jeden Tag mehr verloren, das ist zwar ein ganz normaler Vorgang, aber gerade dann will man sich eigentlich nicht mehr mit Kämpfen beschäftigen.

Doch das Palliativteam überraschte mich positiv. Sie waren ganz anders und konnten meine Entscheidung gut nachvollziehen. Trotzdem war mir wichtig, direkt zu besprechen, was ich auf keinen Fall wollte: Sie dürfen keinen Notarzt rufen, egal was passiert. Nie wieder gehe ich aus diesem Zimmer raus ins Krankenhaus. Also bloß niemanden rufen, einen Palliativarzt ja, aber sonst niemanden. Das hat mir das Palliativteam garantiert und auch mein Pflegedienstteam war damit einverstanden. Aber es war wichtig für mich, das abzuklären, nicht dass mir jemand den Notarzt nachts ruft und ich ins Krankenhaus komme. Wenn du einmal in der Mühle drin bist, dann kommst du da nie wieder raus. Und da will ich auf keinen Fall nochmal rein.

Im Krankenhaus haben die Ärzte die Pflicht, dich am Leben zu halten, egal wie. Das ist nicht unbedingt, weil sie das alle so als richtig empfinden, sondern weil sie in einem gesetzlichen Korsett stecken und medizinische Ziele erfüllen müssen.

Aber unsere Gesellschaft hat generell ein Problem damit, wenn jemand früher sterben will, weil er gut sterben will. Stattdessen muss das Leben erhalten werden, so lange es geht, das ist das höchste Ziel. Wie es den Menschen dabei geht, ist egal. Mir fehlte, dass im deutschen Gesundheitswesen der Mensch nicht im Ganzen betrachtet wird, sondern immer nur auf eine Krankheit hin. Nur daraufhin behandelt wird, ohne groß darauf zu achten, wie sich das alles auch auf das Leben, die Psyche, den Alltag auswirkt. Eine Chemo heilt viele Menschen vom Krebs, das stimmt. Aber sie leiden, sie haben Schmerzen, sie sind kraftlos, die Medikamente können nicht gezielt eingesetzt werden,

deshalb wird der ganze Körper davon belastet. Zu solch einem Kampf muss man sich committen, sonst hat man schon vorher verloren.
Im Krankheitsverlauf war es unweigerlich, dass irgendwann der Zeitpunkt kam, wo ein Pflegeteam meine Betreuung übernehmen musste. Das habe ich aber tatsächlich – entgegen meiner schlimmen Erwartungen – nie als unangenehm empfunden, weil das Pflegeteam, das mich begleitete, von Anfang an einen sehr guten Eindruck auf mich gemacht hat. Mindestens fünf Krankenschwestern sind in diesem Pflegedienst palliativ ausgebildet und meine Erfahrung ist, dass das einen enormen Unterschied im Umgang mit mir als Patientin macht. Sie haben gelernt, den Menschen im Patienten zu sehen, was er möchte, was für ihn wichtig ist. Ein praktisches Beispiel: Diese Art ausgebildeter Krankenschwestern und -pfleger kommen nicht rein, reißen die Decke zurück und fangen an zu wurschteln, wie das im Krankenhaus so üblich ist. Stattdessen werde ich gefragt: „Meinst du, es ist richtig so?“. Ich muss eine bestimmte Schmerztablette vor dem Wechsel der Verbände einnehmen, weil der Vorgang an sich schon schmerzhaft sein kann. Von dem Palliativteam habe ich gelernt, dass es nicht gut ist, einen Schmerz überhaupt aufkommen zu lassen, weil es bedeutet, ihm hinterherrennen zu müssen, bis er unter Kontrolle ist. Deshalb nehme ich die Tablette vorher, damit ich auch während des Vorgangs nichts merke. Trotzdem sagen mir die Schwestern: „Sobald du irgendetwas spürst, sag mir das, oder wenn du etwas nicht möchtest“. Sie nehmen sich Zeit und denken nicht „OK, ich muss auf die Uhr gucken, fünf Minuten darf ich hier nur rumwurschteln und zickizacki, schnell schnell“. Es ist OK,

wenn es eine halbe Stunde dauert, mich zu versorgen. Sie fragen mich sogar: „Sitzt das jetzt richtig für dich?“ – auf diese Idee würde eine Krankenschwester im Krankenhaus wahrscheinlich gar nicht kommen. Stattdessen darf ich sogar sagen, wie ich es gerne hätte, wie ich das als gut empfinde auf meiner Wunde. Dafür bin ich sehr dankbar und ich weiß den Unterschied jeden Tag aufs Neue zu schätzen.

Rückblick aus dem Tagebuch

Hilflosigkeit

Heute ist ein Tag des Hilflosigkeits-Gefühls. Das fing schon morgens um fünf Uhr an: Schweißausbrüche, Schwindel im Bett, sehr niedriger Blutdruck. Ich fühle mich der Situation so ausgeliefert. Sicher, ich sage mir, dass das ja nicht stimmt, trotzdem bleibt das Gefühl bestehen. Ich frühstücke heute im Bett. Die Sonne scheint in mein Zimmer, Vögel tanzen vor meinem Fenster, aber ich will eigentlich liegen bleiben.

Ich muss mal eine Strophe heulen. Manchmal geht es einfach los. Es ist die Schwachheit und das Elend sein, es treibt mir einfach die Tränen in die Augen. Eigentlich habe ich keinen Grund, aber die Tränen laufen. Ich realisiere, dass ich weniger werde, weniger Kraft, weniger Konzentration, weniger Energie.

Wie man sieht, funktioniert unser Gesundheitssystem dann doch wieder gut bei aller Negativerfahrung. Ich habe auch sofort Pflegestufe vier bekommen und das ganze Zubehör. Ich hatte einen Rollstuhl, für draußen hätte ich sogar einen elektrischen haben können, der wurde sogar noch angepasst, nur dann wurde ich bettlägerig und konnte ihn nicht nutzen. Aber ich habe eigentlich alles bekommen, ohne Verzögerungen.

Vom Tun ins Sein

Eine Last sein für andere

Mein ganzes Leben über habe ich eine Fürsorge-Rolle für andere eingenommen. Seit etwa Februar 2019 kann ich dem nicht mehr so richtig nachkommen, weil mein Bewegungsapparat stark eingeschränkt ist. Das hat mich dazu gezwungen, mich mit meinem „Fürsorge“-Denken auf ein anderes Level zu bringen. Ich kann zwar nicht mehr viel körperlich „tun“, aber das bedeutet nicht das Ende meiner Fürsorge. Statt anderen mit Tätigkeiten etwas Gutes zu tun, bin ich jetzt für sie da, gegenwärtig und mittendrin. Sie können an meinem Bett zur Ruhe kommen. Ich höre mir ihre Geschichten an und kann ihnen einen Weg zeigen, auch Vorbild sein, wie man mit etwas umgehen kann. Ich zeige ihnen, dass sie sogar in einer aussichtslosen Situation wie die, in der ich mich befinde, zufrieden sein können, dass es immer noch einen Sinn im Leben gibt und nichts sinnlos passiert. Das finde ich wichtig. Aber dass ich ihnen diese Werte jetzt mitgeben kann, war auch ein Prozess für mich.

Ben

Meine Mutter hat stets eine hohe Wirksamkeit im „Machen“ gehabt. Sie war ihr Leben lang für andere da, im Aktivsein für andere, im Sich aufopfern für andere, aber immer in Aktion. Die Umstellung war schon allein deshalb nicht einfach für sie, nochmal neu hinzugucken und zu lernen „Gibt es für mich auch eine Wirksamkeit im Sein?“. Das ist eine völlig andere Ebene und diese zu erkennen, ist für einen Menschen, der sein Leben lang auf eine bestimme Weise gedacht, gelebt, gehandelt, getan hat eine Riesenherausforderung.

Aber seit Anfang des Jahres verging keine Woche, in der meine Mutter nicht besucht wurde. Die Gründe waren unterschied-

lich: „Wir haben uns vorgenommen, dich nochmal zu sehen", „Wir wollen nochmal mit dir sprechen". Aber das Resümee war immer wieder: Verblüffung. Viele mussten erstmal damit umgehen, dass meine Mutter auf der einen Seite dem Tod so nah war, aber auf der anderen Seite diese Zufriedenheit ausstrahlte. Und das war nicht alles, sie war nicht nur zufrieden, sie wollte immer noch geben. Jetzt brachte sie eben keine Decke, kaufte nicht das Lieblingsstückchen vom Bäcker oder schloss das Fenster, weil ihr Gegenüber vielleicht fror. Jetzt gab sie alles weiter, was sie vom Leben gelernt und erkannt hatte, um sich zu kümmern.

Es gibt eine schöne Geschichte in der Bibel[2], die ich in diesem Zusammenhang erzählen möchte, weil sie mich immer sehr beeindruckt hat. Es gab zwei Schwestern und einen Bruder, die immer dafür gesorgt haben, dass, wenn Jesus in ihren Heimatort kam, er versorgt war. Sie hießen Maria, Marta und Lazarus. Marta war die aktive der beiden Schwestern, die dafür sorgte, dass Jesus und seine Jünger einen Schlafplatz hatten, dass sie genug zu essen hatten und versorgt waren. In Marta habe ich mich wiedererkannt, in ihrer aktiven Leistung und ihrer Fürsorge. Was ich an der Geschichte immer schlimm fand, war, dass auf ihr so sehr herumgehackt wurde. Sie sagten zu ihr: „Marta, lass das, jetzt setz dich doch mal hin und hör mal an, was Jesus sagt". Ich selbst habe in meinem Leben sehr darauf gehört, was Jesus sagt und habe mich aber gleichzeitig auch sehr mit Marta verbunden gefühlt. Zwar hat Maria in der Geschichte auch gearbeitet, aber wenn Jesus da war, hat sie sich zu seinen Füßen gesetzt, ihm zugehört und die Worte Jesu verinnerlicht.

[2] *Vgl. Lk 10,38-42 und in Joh 11,1-44; Joh 12,1-8*

Jetzt liege ich seit kurzem in einem Pflegebett und dachte letztens: „Du warst dein Leben lang die Marta aus der Geschichte. Jetzt hast du die Möglichkeit Maria zu sein. Du kannst dich jetzt auch einfach hinsetzen, zuhören, still werden und so vielleicht von Gott neue Gedanken bekommen, die du weitergeben kannst“.

Rückblick: Antwort auf eine E-Mail

Das beste Jahr

Du fragtest, warum dies das beste Jahr meines Lebens ist? Eigentlich kann ich das mit einem Wort Jesu erklären: „Maria hat den besseren Teil“. Ich bin mein Leben lang „Martha“ gewesen. Schon als Kind hatte ich immer Verantwortung zu tragen und das hat sich durch mein ganzes Leben gezogen. Es war ein gutes Leben, ich will das nicht negativ sagen. Es hat mir Freude gemacht, eine Martha zu sein.

Aber seit der Diagnose war ich plötzlich frei von allen Verantwortungen, ich habe soviel Zeit wie noch nie, ich darf einfach ich sein und zu Jesu Füßen sitzen. Auch für uns als Ehepaar war es ein wunderbares Jahr. Wir lieben uns wie nie zuvor und genießen diese Zeit. Jeden Abend sagen wir, bevor das Licht ausgeht „Auf Wiedersehen“, denn ich weiß ja nie, ob ich die Nacht überlebe. Es ist herrlich zu wissen, ich gehe nur einen Schritt weiter in die Ewigkeit.

Was ich noch als herrlich empfinde, ist die Nähe meiner Familie: Unser Sohn und unsere Schwiegertochter und unsere sechs Enkel. Soviel Zeit miteinander zu haben und meinen Kids die Freude in Jesus und auf den Himmel zu zeigen.

Und als letztes Sahnehäubchen hat Gott uns eine Wohnung gegeben, die ich mir immer erträumt habe. Ich fühle mich wie eine Königin in einem Palast. Gott ist so gut zu mir. Ich hoffe du kannst jetzt ein klein wenig verstehen, warum es das beste Jahr meines Lebens ist.

Zwar möchte ich auch jetzt nicht immer untätig sein. Erst heute morgen hat mir mein Mann ein Tablett aufgestellt, sodass ich Erdbeeren zurechtmachen konnte für Erdbeermarmelade. Und natürlich ist diese Transformation nicht von heute auf morgen passiert, es war mehr ein Lernprozess, der mit der Diagnose begonnen hat. Auf dem Weg hier her, in dieses Pflegebett, lagen immer wieder kleine Abschiede, auch schmerzvolle Momente. Beispielsweise: „Jetzt fahre ich das letzte Mal mit dir Auto", „Jetzt spiele ich das letzte Mal Klavier". Ein Abschied, den ich betrauere, den ich vielleicht auch beweine mit ein paar Tränen. Die Einschränkung in meinem Leben wurde dann wieder größer. So habe ich viele kleine Tode, die im Laufe der Zeit dazu geführt haben, dass ich jetzt anders mit der Situation umgehen kann.

Rückblick aus dem Tagebuch

Wir bereiten uns auf den Auszug aus dem Schlafzimmer vor

Ab morgen bin ich im Wohnzimmer mit dem Pflegebett und mit meinem Fenster zum Himmel. Wir packen drei große Kisten, die zur Kleidersammlung kommen.

Aber es wird immer schwerer, das Loslassen, die Einschränkungen, alles aus der Hand zu geben, mich selbst auch. Ich bin völlig abhängig, was Versorgung mit Medikamenten, Essen, Körperpflege, Toilettengang angeht. Ich verliere meine Eigenständigkeit, meine Selbstbestimmung. Andere bestimmen über mich, das ist mir immer schwergefallen. Ich weiß, sie meinen es gut, nur, wird es auch gut? Ich habe manchmal Panik, dass es nicht gelingt.

Ärzte und Schwestern stellen meine Schmerzmittel nach ihren Überlegungen ein, alles wertvolle Menschen mit Leidenschaft für ihren Beruf. Das Pflegepersonal macht es außerordentlich sorgfältig mit mir („Der beste Pflegedienst der Welt"), aber sie können nicht raten, wo meine Schmerzpunkte sind und manchmal liegt die Auflage auch an der falschen Stelle, sodass es schmerzt.

Ich muss meinem Mann meine Lebensader, die mich noch einigermaßen in der Welt hält, in die Hand geben: meine Medikation. Ob er es richtig machen wird. Ich weiß, er will nicht, dass ich Schmerzen leide, aber er ist manchmal so vergesslich. Er hat seinen Handytimer angeschaltet, trotzdem ist es viel. 32 Mal Tabletten-Einnahme am Tag, ohne die Sonderdinge wie Notfallmedikation, was dann dazu kommt. Da muss man immer abwägen, was geht.

Ja, die Angst schwingt mit, ob alles auch seinen guten Gang geht. Apropos Gang: der Klogang. Das muss ich auch aus der Hand geben. Mein Mann ist heldenhaft, wie er mich auf die Bettpfanne bringt und wieder runter. Aber mich schmerzt die Einschränkung, dass ich die intimsten Dinge nicht mehr alleine kann. Gut, dass mein Mann, mein intimster Freund, das macht, so kann ich es aushalten.

Aber ich bin Niemand, der an diesen kleinen Toden verzweifelt, sondern jemand, der aus der Veränderung eine neue Perspektive gewinnt. Aber ich bin auch ein Mensch, es ist ja klar, dass, wenn ich weiß, ich fahre jetzt das letzte Mal diese Strecke und dass ich da nie wieder lang fahren werde in meinem Leben, dass ich auch erstmal schlucken muss. Und ich habe leidenschaftlich gerne Klavier gespielt, natürlich hat mir das sehr wehgetan. Das sind Abschiede von schönen Situationen. Heute bitte ich meinen Enkel oder meinen Sohn für mich am Klavier zu spielen.

Es ist mir wichtig, diese „letzten Male“ bewusst wahrzunehmen und mich von Situationen zu verabschieden. Als ich vor zwei Wochen dieses Pflegebett bekam, konnte ich noch ein bisschen laufen. Ich bin dann an einem Tag vom Schlafzimmer mit meinem Rollator bis zu einem Sessel im Wohnzimmer gekommen. Weiter ging nicht mehr. Ich bin dann nochmal zurück zur Schlafzimmertür, habe mir alles angeguckt und gesagt: „Tschüss liebes Schlafzimmer“. Günther hat mit mir einen Moment innegehalten. Das war nicht nur ein trauriger Moment, es war mehr so: „Da war ich jetzt eine Zeit lang, da werde ich nicht mehr hinkommen, aber es war schön“.

Rückblick aus dem Tagebuch

Ich komme ans Liegen, ein sehr bewegter Tag

7.00 Uhr: Pflegeschwester Anna ist da, wir sprechen über einen Katheter, das ist heute dran. Ich habe schreckliche Schmerzen in meinem linken (gesunden) Bein. Sie gehen trotz Morphin-Spritze, die Günther mir kurzentschlossen gibt, und doppelter Notfalltablette nicht weg.

8.30 Uhr: Anruf beim Palliativteam, wir sollen mehr Abstral nehmen. Wir kleben ein weiteres Pflaster. Sie werden später kommen. Mir wird immer klarer, ich kann nicht mehr aufstehen.

9.00 Uhr: Anruf beim Versorgungsdienst wegen eines Pflegebetts. Gott sein Dank, wir hatten

das Rezept schon mitgegeben. Und es klappt, sie sagen es für in vier Tagen zu.

9.30 Uhr: Wir versuchen die Physiotherapie abzubestellen, geht nicht, weil sie alle auf Hausbesuch sind, die werden nachher kommen und sicher den Palliativdoktor treffen.

11 Uhr: Alles trifft sich an meinem Bett, Physio, Palli, Pflegedienstchef. Ich bekomme noch drei Spritzen, es wird kaum besser mit den Schmerzen. Der Doktor sagt „das braucht ein wenig Zeit". Ich will keine Schmerzen, das hatten sie zwar zugesichert, aber klar, das Medikament muss erst wirken. Ab morgen bekomme ich höhere Schmerzpflaster und Cannabisöl.

Wir gehen in das 2. Jahr der Krankheit in diesen Tagen, es ist nicht so ganz einfach. Es beginnt mit Liegen.

Ich kann nicht mehr laufen und stehen, jedes Aufstehen macht Qual, ich muss viele Schmerzmittel nehmen, bin dankbar, wenn der Schmerz nachlässt. Wir erhöhen die Schmerzmedikation. Ich komme am Pflegebett nicht vorbei. Ist ein wenig deprimierend, weil die letzte Mobilität, die ich hatte, mir genommen ist. Das bereitet mir innere

Schmerzen. Ich schaffe es nicht mehr alleine, brauche immer jemanden in der Nähe.

Gott aber schickt mir einen Engel: Er kommt und ich kann mir alles von der Seele reden, er ist so einfühlsam und baut mich auf, bringt auch ein Dekubitusbett von seiner verstorbenen Mama und gibt ein paar Ratschläge. Tut einfach gut ...

Mich von jemandem, der sehr aktiv war und sich viel um andere gekümmert hat, zu einer – manche würde es „Last" nennen – zu entwickeln, hat mich herausgefordert. Ich war nie ein Mensch, der anderen gern zur Last gefallen ist. Ich habe lieber slebst etwas gemacht oder organisiert, sodass es für andere selbst leichter war als für mich. Dann zu merken „das kann ich nicht mehr, das geht gar nicht mehr" gepaart mit dem Fakt, dass ich gerade denen, die mir am nächsten stehen, zur Last falle, war und ist schwer für mich. Ich weiß, dass es für Günther eine schwere Zeit ist, weil er gerade alles für mich macht – ich bin so dankbar dafür, dass ich so einen lieben Mann habe. Es fällt mir auch schwer darüber nachzudenken, dass er jetzt sein ganzes Leben nochmal neu ordnen muss, damit ich versorgt bin. Oder mein Sohn und meine Schwiegertochter, die sich so viel Zeit nehmen müssen, obwohl sie echt manchmal was anderes zu tun hätten. Andererseits denke ich mir aber, diese Zeit, die wir jetzt haben, die hatten wir nie in unserem Leben so intensiv miteinander. Ich habe es gut, ich bekomme so viel Zeit mit meinem Mann, meinem Sohn, meiner Schwiegertochter und meinen Enkelkindern – das ist die positive Seite daran, eine Last für seine Lieben zu sein.

Ben

Ich glaube, dass die Herausforderung heute auf zwei Ebenen abläuft. Das eine ist, dass unsere Gesellschaft sich in den letzten Jahrzehnten stark gewandelt hat. Vor etwa 50 Jahren war es noch normal, dass die Menschen in Mehrgenerationen-Haushalten zusammenlebten. Es war klar, dass sie mitbekamen, wenn Familienangehörige starben, denn sie starben im Familienkreis. Es gab gar keine Möglichkeit, sich nicht mit dem Thema „das Leben geht zu Ende" auseinanderzusetzen. Alle Menschen werden geboren und leben und der Tod gehört mit zu dieser Thematik und ist etwas, was wir in unserer Gesellschaft heute versuchen auszublenden. Jetzt ist nicht klar, was zuerst passiert ist, aber aufgrund dessen, dass Familiengenerationen heute eher getrennt voneinander leben, ist der Tod zu etwas geworden, was man gern aus dem eigenen Leben ausschließt. Es herrscht eine große Angst vorm Tod, das Thema an sich ist uns unangenehm geworden. Zu wenige setzen sich damit auseinander und es ist auch nichts, mit dem man jeden Tag konfrontiert sein möchte.

Die Gesellschaft hat aber Abhilfe geschaffen: Um Sterben, Älterwerden, Endlichkeit nicht jeden Tag im Blickfeld zu haben, gibt es Verdrängungs-Orte wie Altenheime oder ähnliche Einrichtungen, dahin werden diese Themen „abgeschoben". Also alles, was früher Teil des Familienlebens war, wird jetzt von mehr oder weniger professionellen Dienstleistern übernommen. So hat man es nicht vor Augen, und was man nicht sieht, damit muss man sich auch nicht beschäftigen. Da geht's dann dem ein oder anderen mal wieder ganz schlecht, wenn

er bei Oma im Altersheim war oder bei Opa, der schon über Monate im Hospiz liegt – es ist aber allein eine temporäre Geschichte. Hinterher ist man ja wieder zuhause und es ist aus den Augen, aus dem Sinn. Der ganz klassische Verdrängungsmechanismus: Wenn etwas unangenehm ist, kehre ich es einfach unter den Teppich, so wird es vermeintlich unsichtbar, aber nur für einen Moment. Denn was ich unter den Teppich kehre, schafft irgendwann Beulen, über die ich ständig laufen muss und irgendwann bleibe ich mal mit dem Fuß daran hängen und erinnere mich doch daran – also weg bekommt man es mit der Taktik nicht.
Das andere ist, dass Sterben für den normalen Menschen heute angsteinflößend ist, weil es einen mit der eigenen Endlichkeit konfrontiert. Und das ist ja etwas, womit man sich mit 75 auseinandersetzen kann – vorher gehen viele mit einer Selbstverständlichkeit durchs Leben und eben gar nicht mit dem Gedanken: „Naja, es könnte ja auch heute der letzte Tag sein".

Ich habe mir nie Gedanken darüber gemacht, ob das ein gesellschaftliches Problem ist. Ich glaube, es hat auch damit zu tun, dass die Menschen sich nicht mehr die Zeit füreinander nehmen und nicht mehr reden. Alle sind heutzutage wahnsinnig hektisch, rennen von einem zum anderen und merken gar nicht, wo sie eigentlich mal mehr Prioritäten setzen müssten oder worüber nachzudenken, sie weiterbringen würde. Aber ich habe es vor dieser Zeit auch so gemacht, das gebe ich offen und ehrlich zu, ich bin keine Heilige.
Ich habe den Tod aber nie verdrängt. Ich habe Menschen gepflegt und begleitet. Als Gemeindediakonin war ich

häufig mit den Themen Leid, Krankheit und Tod konfrontiert. Ein Satz meines Vaters hat mich stark geprägt in dieser Hinsicht, er sagte immer: „Vielleicht heute" – das war sowas wie sein Lebensmotto, das klebte er sogar mit Aufklebern überall hin, in seiner Wohnung konnte man dieser Einstellung nicht aus dem Weg gehen. „Es kann heute passieren, dass ich sterbe". In so einem Umfeld bin ich groß geworden, da bin ich etwas anders familiär geprägt. Während meiner Arbeit bin ich aber immer wieder damit konfrontiert gewesen, dass Menschen das Thema Sterben verdrängen und nicht darüber reden. Heute frage ich mich manchmal, ob ich das falsch interpretiert habe und nicht genug hinterher war, dass sie sich diesem Thema gegenüber öffnen. Vielleicht hätte ich noch nachdrücklicher sein sollen, aber wahrscheinlich war ich zu dieser Zeit noch nicht bereit dafür.

Günther

Ein Aspekt bezüglich Berufstätigkeit und Pflegefall ist meiner Meinung nach, dass viele Menschen ihren Wert an dem fest machen, was sie tun. Wenn ich etwas für die Gesellschaft leiste oder für meine Gemeinschaft und ich etwas einbringen kann, bin ich wertvoll. Daraus ziehen viele ihren Wert. Sobald ich aber in die Situation komme, in der ich das eben nicht mehr leisten kann, kommt die Frage auf: „Was macht meine Identität eigentlich aus? Ist meine Arbeit meine Identität?". Auch im christlichen Kontext, aus dem wir kommen, ist das verbreitet. „Guck mal, wie ich mich in der Kirchengemeinde einsetze, welche ehrenamtlichen Jobs ich habe" – das bedeutet oft nur „Guck mal, wie wertvoll ich bin".

Daran wird sichtbar, dass wir eine Leistungsgesellschaft sind, wir sind wertvoll, solange wir etwas leisten oder tun können. Aber was ist, wenn man nichts mehr für andere leisten kann, wenn auf einmal andere für mich einspringen müssen – dann muss ich mich ganz neu fragen, was die Grundlage meiner Identität ist. „Wer bin ich, wenn ich im Bett liege? Wer bin ich, wenn mich meine Frau pflegen muss? Wer bin ich, wenn mein Sohn gucken muss, wie er mich unterstützen kann? Wer bin ich denn dann noch?"

Heute bin ich eigentlich die Esther, die ich sein kann. Es ist nicht mehr so schlimm, dass ich nichts mehr machen kann, weil ich ja sein kann. Ich bin da und im Dasein gebe ich anderen Menschen wieder etwas. Ich kann also immer noch etwas tun. Ich kann mit meinem Dasein aktiv sein, kann anderen noch etwas geben, aber ohne Leistungsdruck, sondern einfach als Teil von mir – so wie ich eigentlich bin. Das ist einerseits herausfordernd, andererseits aber auch ein richtig tolles Gnadengeschenk. Nicht jeder hat die Gelegenheit dazu, denn nicht alle wissen über so eine lange Zeit hinweg, dass sie sterben werden. Ich kann diesen Weg anders angehen als vorher und jetzt im Sein sein und für andere da sein. Das gibt mir das Gefühl, geadelt zu sein. Ich hatte die Chance, das zu erkennen und mich darauf einzustellen, statt unzufrieden mit dieser Art zu leben zu sein.

Ben

Es gibt so viele Angebote da draußen, die dir immer wieder sagen: „Du musst lernen, im Hier und Jetzt zu sein, du musst dich kennenlernen. Was ist dein Sein?". Anselm Grün nennt

es „vom Sein ins Tun – nicht andersherum". In uns scheint es eine Sehnsucht zu geben, einfach durch unsere Identität jemand zu sein und nicht durch unser Schaffen. Das suchen alle Menschen in ihrem Leben.
Das Verrückte an uns Menschen ist, dass wir immer erst durch Extremsituationen dazu bereit sind, uns diesem Thema wirklich im Kern zu nähern. Vorher haben wir die Perspektive auch nicht, vielleicht weil wir noch nicht bereit sind, aus dieser Perspektive auf unser Leben zu gucken und uns der unangenehmen Frage wirklich zu stellen: „Wenn heute mein letzter Tag wäre, wo wäre ich denn wirksam, und ist das Ziel, überhaupt wirksam zu sein?" – was Wirksamkeit auch immer bedeuten kann. Erst wenn es einen Unfall gab, wenn eine Krankheit auftaucht, wenn es eine Diagnose gibt, wenn eine Katastrophe eintritt, beginnen wir uns mit dem Thema auseinanderzusetzen. Denn erst, wenn wir Kontakt mit der Endlichkeit hatten, ploppt diese Frage wirklich auf. Vorher ist es für mich selbstverständlich, dass ich eine Geschäftsreise mache, 1000 Kilometer am Tag fahre und abends heil Zuhause ankomme. Die wenigsten denken darüber nach: „Was wäre, wenn nicht?". Es ist selbstverständlich, deshalb nehme ich das Handy während des Autofahrens in die Hand, lasse mich ablenken und bin nicht achtsam in dem Moment. An die Frage: „Was ist, wenn ich heute sterbe?", schließt eine andere Frage fast nahtlos an: „Was bleibt?", also wenn ich sterbe, was hinterlasse ich? An welchen Stellen in meinem Leben war ich wirksam? Und zwar über meinen Tod hinaus? Aber das ist, wie gesagt, ein Thema, mit dem sich die meisten erst beschäftigen, wenn die Hütte schon brennt, dabei ist es eigentlich der tiefe Wunsch eines jeden Menschen nur durch sein Sein jemand zu sein.

Es macht ja nichts, wenn ich mal eine Stunde schlafe

Schmerzen

Rückblick aus dem Tagebuch
Zwischen Enttäuschungen und Lichtblicken

Morgens schon Schmerzen im Bett, ich muss Notfallmedikamente nehmen. Drei Schmerzmittel vor dem Aufstehen machen auch meinem Kreislauf ziemlich zu schaffen und bringen ihn durcheinander.

Dann muss ich weinen, als ich die Veränderung in meiner Wunde sehe. Ich bin auch ehrlich gesagt von Gott enttäuscht, weil ich so gebetet hatte, dass die Wunde in meiner Leiste nicht weiter in den Intimbereich wächst. Als ich heute den Verband wechsele, benutze ich einen Spiegel, weil ich Günther nicht aufwecken will am Nachmittag. Da erschreckt mich die Wunde sehr und ich muss laut weinen.

Ich bin ein Mensch, der hart im Nehmen ist. Bis ich mal eine Schmerztablette nehme, muss schon viel passieren. Ich habe mein ganzes Leben lang kaum etwas eingenommen, und deswegen wirken Medikamente bei mir sehr gut. Und das war auch mein Ziel. Als ich mich gegen die Chemo entschieden habe, war mir am wichtigsten, dass ich den Prozess ohne Schmerzen überstehe. Ich musste die Gewissheit darüber haben, dass ich nicht so – Entschuldigung – verrecken muss wie meine Oma. Das war nämlich kein Sterben, was sie durchleben musste. Und genau das wollte ich für mich nicht. Deshalb hatten wir im Dezember einen Termin beim Palliativdienst, obwohl ich noch gar nicht palliativ eingestuft war. Zu diesem Zeitpunkt hatte ich noch keine Schmerzen, trotzdem war mir der Termin wichtig. Und bei diesem habe ich mir die Sicherheit, die ich brauchte, eingeholt und gefragt: „Können Sie mir zu 100 % bestätigen, dass ich keine Schmerzen haben werde?". Mit dem Ja des Palliativarztes konnte ich ruhig und gelassen werden. Und sie haben ihr Wort gehalten. Auch jetzt könnten wir sie anrufen, hätten sofort eine Antwort, wenn wir Fragen hätten und in spätestens einer Stunde wäre ein Arzt da. Der Pflegedienst kann innerhalb von 5 Minuten hier sein. Sie sprechen sich dann untereinander ab, was zu tun ist. Und sind rund um die Uhr erreichbar, es ist immer jemand für mich da.

Mittlerweile bin ich palliativ eingestellt und habe für jede Ebene des Schmerzes eine Medikation. Bei so einer Wunde wie meiner, ist der Schmerz in verschiedene Kategorien unterteilt: Tumor-Schmerz, Wund-Schmerz von der Wunde an sich, Nerven-Schmerz, weil alle Nerven in Mitleidenschaft gezogen werden. Das Gehirn speichert den Schmerz, deshalb gibt es diese unterschiedlichen Kategorien und meine Aufgabe oder die der Medikation ist, dass der Schmerz gar nicht erst auftritt. Darauf bin ich mittlerweile gut eingestellt.

Das läuft nicht von Anfang an, ich bin zum Beispiel recht hoch angesetzt worden – also nicht hoch für die Ärzte, aber für mich persönlich und meinen Körper. Die sind immer wieder erstaunt darüber, dass ich bei solch einer Wunde so wenige Medikamente nehmen muss, das ist eher ungewöhnlich. Und so mussten wir langsam herausfinden, wie viele Schmerzmittel von welcher Sorte ich nehmen muss.

Deshalb hatte ich am Anfang schon Schmerzen, aber das haben wir jetzt im Griff.
Zuerst habe ich Novamin genommen. Das ist ein typisches Schmerzmittel, das man im Krankenhaus bekommt, ein richtiger Hammer. Davon musste ich mehr als die Höchstdosis nehmen. Dieses Medikament hat mir sehr starke Kreislaufprobleme bereitet, mein Blutdruck ging enorm runter. An manchen Tagen war er bei nur 80 – es ging mir miserabel und ich wollte dringend weg davon. Das ging lange aber nicht, weil es keine wirkliche Alternative dazu gibt.
Dann bin ich aber auf etwas gestoßen und habe es meinem Palliativ-Arzt vorgeschlagen: Cannabis-Tropfen. Ich habe damit kein Problem, das ist eine Pflanze, die existiert und hilft, deshalb finde ich, man sollte sie auch nutzen. Vor 14 Tagen haben wir damit angefangen. Weil es Tropfen sind, kann die Dosierung wesentlich langsamer und sanfter erfolgen. Wer Cannabis raucht, hat natürlich die volle Dröhnung, aber auch Kapseln und Pulver sind schwieriger zu dosieren als Tropfen. Und ich will mich ja nicht weghauen. Als ich mit den Tropfen angefangen habe, merkte ich schnell, wie gut das bei mir wirkt und ich konnte das Novamin reduzieren. Mittlerweile nehme ich nur noch die Hälfte der angedachten Dosis und ich will noch weiter runter, vielleicht kann ich es komplett ausschleichen.
Ich kann manchmal genau sagen, wann Medikamente anfangen und aufhören zu wirken. Das ist bei den Tropfen ähnlich. Gerade nehme ich drei Mal am Tag sieben Tropfen und das gibt mir seit etwa einer Woche eine wahnsinnig gute Lebensqualität. Selbst die Notfallschmerztabletten musste ich nicht mehr nehmen zwischendurch, sondern

wirklich nur zwei Mal, als die Wunde neu verbunden wurde. Das war vorher schon anders. Da musste ich, wenn ich aus meinem Sessel aufstehen wollte, eine Notfalltablette nehmen, weil das Aufstehen die Schmerzen hochgejagt hat. Im Liegen habe ich keine Schmerzen, aber wehe ich stehe auf. Andererseits auch logisch, wenn das ganze Gewicht auf so eine offene Wunde drückt.

Für Notfälle haben wir Morphinspritzen. Gerade in der Anfangszeit hatte ich mitunter nicht auszuhaltende Schmerzen. Günther hat mir dann Morphin gespritzt. Bisher zwei Mal.

Wenn sich etwas ändert, spreche ich direkt mit dem Palliativteam darüber, aber ansonsten lassen sie mir freie Hand. Sie merken, dass ich mich nicht wegdröhnen will, so ein Typ Mensch bin ich nicht. Ich will immer schön klar im Kopf sein. Zwischendurch hatte ich ein Medikament, darauf wurde ich müde, ich konnte nur noch schlafen. Aber mir war klar, das will ich nicht und ich habe es dann auch nicht nochmal genommen. In solchen Fällen müssen Alternativen gefunden werden – und siehe da – sie werden auch gefunden.

Am Anfang haben die Medikamente gegen die Schmerzen mich eingeschränkt. Mein Körper musste sich erstmal an das Zeug gewöhnen – ist ja logisch – aber ich bin sehr erstaunt darüber, wie akribisch das Pflegedienst- und Palliativteam darauf geachtet haben, dass die Medikamente so dosiert werden, dass die Nebenwirkungen immer schwächer geworden sind oder gar nicht erst auftraten. Sie gaben mir nichts hochdosiert, sodass ich Kopfschmerzen, Übelkeit oder überhöhte Müdigkeit empfunden hätte. Mittlerweile schränken mich die Medikamente nicht mehr ein, natürlich

bin ich ein wenig müde, tagsüber schlafe ich oft mal ein. Aber das hat weniger mit den Medikamenten zu tun. Es liegt mehr daran, dass mein Körper generell Ruhe braucht aufgrund der Krankheit. Die Schmerzen sind zwar weggedrückt aber diese Wunde – das muss mein Körper auch erstmal stemmen. Da kann man nicht erwarten, dass er so tadellos funktioniert wie vorher. Und es macht ja nichts, wenn ich mal eine Stunde schlafe, das ist nicht schlimm für mich.
Wie es später mit höheren Dosierungen sein wird, das weiß ich nicht. Es kann sein, dass ich dann in einen Dämmerzustand falle, aber das in Ordnung für mich. Es gibt auch die Möglichkeit, mich zu narkotisieren, sodass ich im Wachkoma liege, auch damit hätte ich keine Schwierigkeiten. Die Hauptsache ist, dass sie mich schmerzfrei halten. Mein Mann Günther weiß auch, was ich brauche. Er kennt mich und wenn der Zeitpunkt da ist, dass etwas derartiges nötig wird, hat er dafür die Absolution.

Ein Ja ist bei mir ein Ja, ein Nein ist ein Nein

Akzeptanz der Entscheidung in der Familie

Teilweise habe ich sofortige Akzeptanz für meine Entscheidung gegen die Chemo erlebt, teilweise auch völliges Unverständnis. Meine Freunde haben meine Entscheidung eigentlich durch die Bank weg akzeptiert und konnten meinen Weg mitgehen. Sie hatten mich unter meiner Darmerkrankung leiden sehen und sofort ein Einsehen oder sagten mir sogar, dass sie es nicht anders von mir erwartet haben. Da hat sich niemand berufen gefühlt, mich vom Gegenteil zu überzeugen, was auch an meinem Charakter liegt, den sie alle gut kennen. Sie wissen, dass wenn ich was sage, es auch genauso meine. Ein Ja ist bei mir ein Ja, ein Nein ist ein Nein – es ist zwecklos dagegen anzureden. Das wissen sie. Der Rückhalt und die Akzeptanz haben mir sehr gutgetan.

Gegenwind gab es vor allem von Schulmedizinern und meinem Sohn. Er hätte gern gewollt, dass ich eine Chemo mache, aber ich habe ihm von Anfang an erklärt, warum das nicht geht und warum ich an dieser Entscheidung festhalte. Er hat im Gegensatz zu mir nicht dieselben Erfahrungen gemacht. Als Familienmitglieder erkrankt waren, war er noch zu jung, um das so wahrnehmen zu können wie ich. In seinem Umfeld gibt es auch Menschen, die eine Chemo gemacht haben und heute wieder ganz gesund sind. Er dachte einfach, warum nicht die Chance nutzen? Schließlich weiß niemand, ob das nicht hätte gut ausgehen können. Es hat mehrere Wochen gebraucht, bis er meinen Weg akzeptieren konnte. Das war natürlich schwierig, er hat aber auch nicht massiv dagegen gearbeitet. Er musste in die Akzeptanz kommen. Irgendwann standen wir zusammen in der Küche, da sagte er zu mir: „Ich akzeptiere deine Entscheidung, du musst mir nur ein Versprechen geben: dass du in deiner Verantwortung als Mutter mir gegenüber als deinem Sohn alle Alternativen ausprobierst, das ist meine einzige Bedingung."

Das konnte ich versprechen, ich habe mich ausführlich mit Alternativen beschäftigt, eigentlich sofort nachdem ich aus dem Krankenhaus entlassen wurde. Seit fünf Jahren begleitet mich eine Heilpraktikerin. Die Schulmedizin hatte damals meine Darmerkrankung gar nicht erkannt und hat ein psychisches Problem diagnostiziert. Ich bin von einem Arzt zum anderen gerannt, keiner von ihnen hat das auf dem Schirm gehabt. Und ich bin ein realistischer Mensch, ich weiß, wenn ich etwas habe, ich bilde mir das nicht ein. Ich war geschockt davon, wie ich behandelt wurde. Schon allein deshalb bin ich dankbar, dass ich diese Heilpraktikerin gefunden habe. Sie ist mit mir einen guten Weg gegangen, bereits drei Wochen nachdem wir mit der Therapie begonnen hatten, ging es mir wieder so gut, dass ich aufstehen konnte. Das war vorher gar nicht möglich. Ich lag eigentlich nur noch im Bett oder auf dem Sofa. Sie kommt aus der Schulmedizin, ist also keine Blümchentante.

Nach der Krebsdiagnose hat sie mich gefragt: „Möchtest du eine Chemo machen? Oder möchtest du einen anderen Weg gehen? Ich begleite dich, egal für welchen Weg du dich entscheidest." Sie hatte beides auf dem Schirm und hätte beides akzeptiert. Aus diesem Grund hat sie mich von Anfang an begleitet und hat mir unheimlich viele gute Tipps gegeben, was ich machen und wie ich mit der Erkrankung umgehen kann. Ihr Ziel war es, den Krebs so lange wie möglich schlafen zu legen und meine anderen Organe vor ihm zu bewahren, sodass der Krebs nicht auf

weitere Organe übergeht. Das hat sie bis heute geschafft. Gut, der Krebs ist ausgebrochen, das hat sie mir auch vorhergesagt. Aber er ist immer noch nur an einer Stelle, er ist nirgendwo anders hingewandert. Das ist meines Wissens nach ziemlich ungewöhnlich bei Lymphdrüsenkrebs. Sie hat mit ihrer Therapie auch erreicht, dass ich verhältnismäßig gut drauf bin. Selbst der Palliativdoktor ist davon erstaunt, aber ich spreche mit ihm nicht darüber. Ich strenge mich heute nicht mehr an, anderen von meinen guten Erfahrungen mit einer Heilpraktikerin zu erzählen, die meisten akzeptieren das sowieso nicht.
Ich war Ben jedenfalls sehr dankbar, dass er meinen Weg akzeptiert hat. Bevor er sich dazu durchringen konnte, war die Situation eine ziemliche Belastung. Das Wissen, dass er eigentlich dagegen ist, hat mich dann doch immer wieder herausgefordert. Ich kann auch gut verstehen, wenn Menschen sich zur Chemotherapie von ihrem Umfeld überreden lassen. Wenn alle sagen „Mach! Mach! Mach!", ist es schwer, in der Entscheidung fest zu bleiben. Auch, weil das Umfeld so sehr unter der Entscheidung leidet und man selbst ja seinen Liebsten wünscht, dass es ihnen gut geht. Darüber habe ich auch oft nachgedacht. Ich habe ein enorm hohes Fürsorgeverständnis – gerade meiner Familie gegenüber. Das ist mein stärkster Wert. Deshalb habe ich mich viel und intensiv damit beschäftigt, was ich meiner Familie mit meiner Entscheidung antue. Diese Last hat Ben mir genommen, als er es akzeptiert hat. Ich denke, er hat auch über die Zeit hinweg gemerkt, wie viel mir daran liegt.
Auch wenn ich über meine Entscheidung nachgedacht habe, ich wäre von meinem Weg nicht abgewichen. Für

andere wirke ich in Konflikten hart und direktiv, ich würde es eher geradlinig nennen. Ich kann es einfach nicht gut vertragen, wenn ein Konflikt im Raum ist, wenn man anderen schon an der Nase ansieht, dass da was nicht stimmt – dafür habe ich einen speziellen Sensor. Da gehe ich direkt drauf zu und kläre das – und zwar sofort. Konflikte zu bunkern ist für mich unmöglich, ich kann das nicht aushalten. Ich habe keinen Platz in meinem Leben für verschlossene Türen. Ich sage sofort, was mir nicht passt. Ich weiß, das ist unbequem und damit bin ich manchen Menschen auch auf die Füße getreten und ich musste mich auch oft entschuldigen, weil ich in Momenten, in denen ich mit dem Konflikt nicht gut umgehen konnte, zu weit gegangen bin. In der Situation selbst ist mir das aber ehrlich gesagt egal, ich bin lieber Menschen auf die Füße getreten und habe mich hinterher entschuldigt, aber die Sache war ausgesprochen, statt umgekehrt. Wenn es auf dem Tisch liegt, kann man darüber reden, wenn es noch in der Luft hängt, nicht.
Daraus resultiert, glaube ich auch mein offener Umgang mit dieser Krankheit. Im Bekanntenkreis meiner Schwiegertochter gab es eine Krebserkrankung in einer Familie, die, bis die Frau gestorben ist, totgeschwiegen wurde. Sie haben weder innerhalb der Familie darüber gesprochen noch haben sie sich sonst wie damit auseinandergesetzt. Das ist das andere Extrem, also dass es Menschen gibt, die selbst in so einer Situation nicht die Bereitschaft mitbringen und sagen: „OK, jetzt stelle ich mich dem Thema Endlichkeit.“ Die bis zum letzten Atemzug diese Themen wegdrücken und sich nicht damit beschäftigen. Was das allerdings für die Hinterbliebenen bedeutet, ist folgendes:

Entscheidungen für jemanden fällen, ohne zu wissen, was derjenige wollte. Das ist eine Last, die ich meiner Familie nicht aufbürden wollte und werde.

Das klingt vielleicht unverständlich, aber ich bin nicht mehr nötig

Die Lieben zurücklassen

Die „frühe“ Diagnose sehe ich als Geschenk. Sie gab mir die Zeit, meinen Lieben etwas mitzugeben. Wenn ich diese Welt verlasse, weiß ich, dass sie Verantwortung für sich übernehmen können und deshalb muss ich mir keine Sorgen um sie machen. Lange Zeit bin ich darüber traurig gewesen, dass ich mein nächstes Umfeld zurücklassen werde, das kann ich nicht leugnen. Aber dass ich gerade auch so eine intensive Zeit mit ihnen erleben kann, ist für mich wahrlich ein Geschenk. Das hätte ich gar nicht gehabt, wenn ich gesund gewesen wäre. Ich hätte gar nicht so viel Zeit gehabt. Selbst wenn man das auf die letzten Jahre rechnet, wäre ich nicht auf so einen langen und intensiven Zeitraum mit ihnen gekommen.
Ich weiß, dass es für meine Familie schmerzvoll ist, dass ich gehen werde. Aber seit ein paar Wochen habe ich selbst diese Wehmut nicht mehr. Ich freue mich mittlerweile mehr auf das, was jetzt kommt. Ich bin ein Mensch, der zielorientiert denkt und für mich gibt es ein Leben nach dem Tod. Ich freue mich darauf und bin jetzt schon so gespannt, dass ich vor ein paar Wochen zu Günther gesagt habe: „Weißt du, jetzt überwiegt die Freude auf den Himmel den Schmerz darüber, dich zurückzulassen“. Ich habe viele negative Gedanken jetzt hinter mir gelassen. Wenn wir darüber sprechen, denke ich daran, und ich bin auch immer wieder traurig, aber wie gesagt, die Freude ist jetzt größer. Auch, weil ich weiß, dass sie alle gut versorgt sind. Meine Enkelkinder sind aus dem Gröbsten raus, da muss ich mich nicht mehr so einmischen. Mein Sohn hat ein gutes und schönes Zuhause, er hat eine liebe Frau und beide kommen gut miteinander aus. Günther ist ein höchst flexibler Mensch, der sich gut auf neue Gegebenheiten

einstellen kann, ich weiß, er wird das gut hinkriegen. Das klingt vielleicht doof, aber ich bin nicht mehr nötig. Ich muss keine Fürsorge mehr leisten. Mein Umfeld befindet sich in einer anderen Phase und mein Lebensauftrag ist damit sozusagen abgeschlossen.

Rückblick aus dem Tagebuch

Jetzt bin ich bereit

Vor fünf Jahren war ich noch nicht so bereit, zu gehen, ich spürte noch einen Auftrag an meinen Lieben, die Enkel waren klein, unser Sohn geschieden und alleinstehend. Ich habe Gott noch um einige Jahre gebeten, ich habe sie erhalten, wenn auch in Schwachheit. Es waren fruchtbare Jahre ...

Manchmal denke ich: Machst du dir was vor, redest du dir das schön? Aber dann merke ich wieder: Nein, es ist tägliche Realität. „Wie kannst du denn jetzt fröhlich sein, dass du in den Himmel gehst? Du bist doch noch so jung."

Viele schieben den Himmel weg, wenn sie 80 sind, wäre ein geeigneter Zeitpunkt für sie. Gleichzeitig reden alle fromme Sprüche. Bereit sein – wer ist das schon? Keiner ist bereit zu gehen. Alles Irdische ist so übergewichtig.

Ich verabschiede mich von allen Menschen, die mich besuchen kommen. Dabei muss ich allerdings sehr feinfühlig vorgehen, denn jeder Mensch ist anders und geht mit der Lage anders um. Es ist wichtig, den richtigen Zeitpunkt zu erwischen, zu dem ich sagen kann: „Es könnte sein, dass wir uns das letzte Mal heute sehen." Es ist jedes Mal anders und hat damit zu tun, wie der Mensch ist, der vor mir sitzt und auch damit, wie ich die Situation einschätze. Wenn ich mir sicher bin, dass manche mich noch 3-4 Mal besuchen werden, dann brauche ich das noch nicht zu thematisieren, aber ich weiß von manchen, die beispielsweise eine lange Anfahrt haben, dass ich sie nicht nochmal sehen werde. In dieser Situation verabschiede ich mich schon anders.

Rückblick aus dem Tagebuch

Abschied von den Lieben nehmen

Heute Abend muss ich weinen, nicht weil ich deprimiert bin. Es ist das Trauerweinen, dass ich mich von meinen Lieben verabschieden muss. Ich bin dankbar, dass ich bald in den Himmel kann, aber auf der anderen Seite ist da die Traurigkeit, dass jetzt, wo ich alle meine Lieben um mich habe, wo es mir so gut in der Familie geht wie nie, wo ich alles habe, wie ich es mir immer gewünscht habe, gehen muss. „Wenn´s am besten schmeckt, soll man aufhören." Das ist nicht so leicht.

Eine Nichte von mir hat den Wunsch, mich noch einmal zu sehen, ob das gelingen kann ... Ich freue mich über diese Nähe, die in den letzten Wochen gewachsen ist.

Kannst du nicht mal kommen?

Echte Freunde werden in der Not geboren

Rückblick aus dem Tagebuch

Verlassen werden

Ich habe Stress mit einer Freundin. Manche können mit der Situation nichts mehr anfangen, sie ziehen sich zurück. Sie haben keine Worte für meine Krankheit. Ich musste mir heute darüber klarwerden, ob ich auf eine nichtssagende, superfromme E-Mail einer scheinbaren Freundin überhaupt antworten soll. Sie hat mich seit neun Monaten nicht besucht, erkundigt sich kaum.

Ich antworte nach reiflicher Überlegung, weil ich ungeklärte Dinge nicht ertragen kann. Das wird sie erschüttern, ich bin gespannt, ob sie reagiert. Oder ist es mir eigentlich schon egal, weil ich sehr enttäuscht bin? Heute hat mich eine andere Freundin sogar als zornig über dies Verhalten empfunden. Also ist hier Loslassen gefragt, das hatte ich nicht gedacht.

Für mich definiert sich Freundschaft durch einen Menschen, auf den ich mich zu 100 % verlassen kann, der für mich da ist und für den auch ich da bin. Freundschaft ist für mich etwas anderes als eine Bekanntschaft, denn meine Freunde kennen meine tiefsten Herzenswünsche und was mich bewegt. Wenn ich jemanden als Freund bezeichne, dann weiß derjenige um meine Eigenarten, er kennt meine Stärken wie auch meine Schwächen und nimmt mich trotzdem an. Das ist für mich wahre Freundschaft. In

Situationen wie meiner merkt man, wer ein Freund ist und wer nicht. Auch wenn eine Freundschaft vor der Diagnose beteuert und bewiesen wurde, heißt das nichts. Natürlich hinterfrage ich mich, habe etwa nur ich die Beziehung als Freundschaft empfunden? Begreift jemand etwas anderes unter dem Wort Freundschaft als ich?
Auf einmal werden die, von denen man dachte, sie seien Freunde, weniger. Gleichzeitig zeigen sich Freunde unter Menschen, von denen man es gar nicht erwartet hätte. Plötzlich sind sie auf eine Weise für mich da, die mich erstaunt. Menschen, die ich eher als Bekannte eingeschätzt hatte. Und vielleicht habe ich mich da mit meiner Einschätzung getäuscht und habe zu wenig hingesehen und nicht erkannt, dass Freundschaften möglich gewesen wären. Trotzdem sind diese Überraschungen wirklich schöne Erlebnisse für mich zurzeit.
Eine ältere Dame, auch eine Freundin, ruft mich jeden Tag an. Jeden Tag! Damit ist sie sehr nah an mir und allem Geschehen dran. Es geht gar nicht immer um meine Krankheit, wir reden einfach darüber, was wir am Tag erlebt haben.
Eine andere Freundin, Kerstin, sehnt sich schon danach, uns wieder für ein Wochenende besuchen zu dürfen. Sie war vor ihrer Rente als Krankenschwester tätig und kommt aus unserer Hagener Gemeinde. Sie möchte mich begleiten. Für meinen Mann ist das ein Geschenk, weil als Pastor muss er ab und zu sonntags eine Predigt halten. Schon allein deshalb versuchen wir am Wochenende mit Hilfe meiner Freundin eine Entlastung für ihn zu schaffen. Sie kommt so gerne, sie sagt sogar, es sei eine Ehre für sie. Sie hat eine wahre Leidenschaft dafür entwickelt, mich betreu-

en zu dürfen und dass sie mir so nah sein darf. Sie hat auch eine palliative Ausbildung genossen und hat mich explizit gefragt, ob sie bei der Wundversorgung dabei sein darf. „Ich würde es gerne sehen, aber nur, wenn du das möchtest". Wenn sie hier ist, hat sie alles genau im Blick und ich fühle mich dann sehr wohl. Ich kannte diese Freundin vor meiner Erkrankung, aber ich hätte sie nie als Freundin eingeschätzt.
Meine Freundin Britta nimmt sich sogar Urlaub, um bei mir zu sein, damit Günther auch mal weg kann. Und das hätte ich nie erwartet! Sie weint sogar, wenn sie hier ist und sagt: „Ich finde es schrecklich, dass du jetzt gehst". Dass sie diese Trauer jetzt schon ein wenig ausleben kann, ist auch ein Stück Trauerbewältigung für sie. Was mir daran guttut ist, dass ich ihr auf diesem Weg vielleicht helfen kann, darüber hinweg zu kommen.

Rückblick aus dem Tagebuch

Echte Freunde

Das ist echte Freundschaft, die in der Krankheit bleibt. Meine echte Freundin Britta bleibt, kommt konstant, springt ein in meiner Not. Kein frommes Geschwafel, Freundschaft zeigt sich im Tun, im Handeln, im Helfen, im Dasein, Hilfe geben: „ Ich habe noch ein Keilkissen von meiner Mutter," sogar andere auf die Spur setzen, dass sie es vorbeibringen.

Sie sucht meine Nähe, um möglichst viel Zeit mit mir zu verbringen, will noch aufsaugen,

ihre Zeit geben. Echte Freunde zeigen sich in der Not. Andere, von denen man dachte, sie seien Freunde, ziehen sich zurück, bleiben weg oder machen Pflichtanrufe. „Ach du hast ja genug Besuch, da bist auf meinen ja nicht angewiesen“, Entschuldigungen mit fadenscheinigen Erklärungsversuchen.

Manche entpuppen sich auch als Freunde, Klaus, unser Gemeindehausmeister, der morgens um 8 Uhr auftaucht und einen umgebauten Tisch bringt, damit ich im Bett essen kann. Meine Schwiegertochter kocht Mittagessen, Reistopf, lecker, habe ich lange nicht gegessen. Sie kocht großzügig, da bleibt noch übrig für weitere Mahlzeiten.

Ich bin froh, dass ich jetzt erkannt habe, dass sie Freunde sind und dass ich ihre Zuneigung zulassen kann. Meine Dankbarkeit darüber kann ich ihnen gar nicht oft genug sagen.
Gleichzeitig gibt es wie schon angedeutet Menschen, von denen ich tief enttäuscht bin. Sogar so enttäuscht, dass ich sie loslassen möchte, was mir aber wirklich schwerfällt und wo ich mit mir selbst kämpfe. Aber da ich jemand bin, der Klarheit in solche Sachen bringen möchte, habe ich für das Verhalten klare Worte formuliert und mitgeteilt. Ich konnte es nicht so stehen lassen. So habe ich beispielsweise eine Person per E-Mail darum gebeten, her zu kommen. Einfach weil ich den Konflikt, der zwischen uns seit der Diagnose besteht, nicht mit Telefongesprächen oder E-Mails lösen

kann. Wir wohnen jetzt ein Dreivierteljahr hier, gehört habe ich von der Person bis heute nichts. Sie war kein einziges Mal hier, hatte mir aber signalisiert, dass sie zu meinen besten Freunden gehört. Da passt für mich was nicht zusammen, aber das ist etwas, was man in einem persönlichen Gespräch von Angesicht zu Angesicht lösen könnte, nur wie gesagt, da kommt nichts.

Der Gedanke, dass diese Person von der Situation einfach überfordert ist, liegt wahrscheinlich nahe. Ich weiß nicht, ob sie geschockt ist und selbst nicht damit umgehen kann. Aber solange sie nicht zu mir kommt, ist das Thema für mich jetzt gegessen – auch wenn es mir schwergefallen ist, loszulassen.

Und so hat man nach einer Diagnose beide Seiten. Menschen, die man dadurch verliert, weil sie mit der Sache nicht umgehen können oder wollen. Und Menschen, die sich als Freunde entpuppen, von denen man es gar nicht gedacht hätte. Hier in unserem neuen Wohnort ist ein Ehepaar, das schon länger mit Ben befreundet ist. Die Frau kümmert sich rührend um mich, lässt alles stehen und liegen, wenn ich sage „Hör mal, kannst du nicht mal kommen?“ Auch das ist eine Freundschaft, die im Verlauf meiner Krankheit entstanden und gewachsen ist. Und obwohl ich schon bald aus dem Leben dieser Menschen verschwinde, schätze ich diese kurze Zeit, die wir zusammen haben.

Ein Abschied für immer

Beziehungsklärung

Als ich wusste, dass ich sterben werde, habe ich versucht, eine Beziehung zu einem Menschen, der mir im Leben eigentlich sehr nahe ist, zu klären. Schon als ich im Krankenhaus lag und die Diagnose bekam, habe ich nichts von ihm gehört oder gesehen – dabei ist das Krankenhaus gar nicht weit von seinem Wohnort entfernt. An seinem Geburtstag bin ich morgens zu seinem Haus gefahren, um alleine mit ihm darüber zu sprechen. Als die Gelegenheit da war, habe ich zugriffen und ihn auch alleine angetroffen. „Ich hätte dich gebraucht“, sagte ich. „Du warst nicht für mich da“. Ich versuchte diesen Menschen zu umarmen, aber er war steif wie ein Stock in meinen Armen. Als er sich von mir wegdrehte, liefen die Tränen seine Wange hinab. Ein paar beruhigende Momente später sagte er: „Du hast recht“, und ich dachte, die Sache wäre damit klar.
Doch nachdem wir aus Hagen weggezogen waren, besuchte er mich wieder nicht, er rief nicht an, ich hörte nichts von ihm. Ich habe Gott angefleht darum, dass er aus eigenem Antrieb zu Besuch kommt. Nur das wollte ich noch, damit ich die Sache wirklich abschließen konnte. Auch wenn ich nicht weiß warum, wieso, weshalb. Und wenn dieser Mensch es selbst mit ins Grab nimmt, das wäre dann nicht mehr meine Verantwortung und ich wollte mich auch nicht weiterhin daran stören.
Vor einer Woche dann stand er plötzlich vor der Tür. Meine Überraschung schlug schnell in Unverständnis über, denn er fragte mich nicht ein einziges Mal, wie es mir eigentlich geht. Stattdessen sprach er ohne Punkt und Komma über sich und sein Leben. Zwischen uns war also nicht alles in Ordnung, das merkte ich jetzt wieder. Aber er war aus eigenem Antrieb hergekommen und das war für mich

wirklich ein Geschenk, denn jetzt konnte ich die Last abgegeben.
Nach einer halben Stunde hat Günther eingegriffen und gesagt: „Es ist gut, dass du gekommen bist, du wärst beinahe zu spät gewesen“. Zwei Wochen vor seinem Besuch war es mir sehr schlecht gegangen. Die Schmerzen und Schmerzmittel haben mich nur noch schlafen lassen. Ich dachte „Jetzt ist es bald soweit“. Genau damit hat Günther diesen Menschen konfrontiert. Und der Schock stand ihm ins Gesicht geschrieben. Günther hat das Gespräch dann übernommen – ich war dazu gar nicht fähig – und hat es in eine Richtung gelenkt, sodass er erzählen konnte, wie es uns so geht. Der Mensch ist dann noch eine halbe Stunde geblieben, hat sich dann auch sehr nett und lieb von mir verabschiedet – aber das war ein Abschied für immer. Ich glaube nicht, dass er nochmal kommt.
Es macht einen sehr traurig, wenn jemand aus dem nächsten Umfeld so mit einer Erkrankung umgeht. Aber andererseits kenne ich die Hintergründe nicht, ich weiß nicht, warum er sich so verhält und möchte ihm da auch nichts unterstellen.
Unsere Beziehung haben wir nicht zusammen geklärt, ich musste sie für mich und auf meine Art regeln – das ist nichts, womit ich zu 100 % zufrieden bin, aber ich kann niemanden dazu zwingen. Trotzdem würde ich im Angesicht der eigenen Endlichkeit dazu raten, Beziehungen und Sachverhalte zu klären, bevor man selbst stirbt. Es gibt etliche Beispiele, in denen genau das nicht passiert, in denen ungeklärte Fälle auch dramatische und tragische Auswirkungen für die Hinterbliebenen haben, weil es einfach, sobald der Tod da ist, keine Möglichkeit mehr

gibt, etwas zu klären. Da wird nicht geredet, stattdessen wird fleißig verdrängt und es fehlt an Beharrlichkeit. Ich glaube aber, dass, wenn man so eine Diagnose bekommt, es auch ein wenig an einem selbst ist, die Themen mal anzuschneiden oder zu klären – es zumindest zu versuchen. Also gerade, wenn es Streitigkeiten untereinander gibt, die Bereitschaft zu haben am Ende des eigenen Lebens zu vergeben oder darum zu bitten, dass einem vergeben wird. Das ist auch eine Frage der eigenen Grundeinstellung, das verstehe ich natürlich. Andere Menschen haben andere Werte als ich. Es gibt Menschen, die haben den tiefen Wunsch, Frieden zu schließen und es gibt andere, die kein Problem mit Unfrieden haben oder die an ihrer Bitterkeit festhalten wollen. Gerade die würde ich gern auf ihre Hinterbliebenen aufmerksam machen, denn, wenn man etwas für sich nicht klären will, ist das eine Sache, aber auch anderen damit die Chance zu nehmen, etwas anzusprechen, was sie nach dem Tod nicht mehr ansprechen können, ist eine andere. Derjenige, der stirbt, der ist weg und den stört es auch nicht mehr, aber für die, die bleiben, ist das eine furchtbare Situation. Deshalb halte ich von dieser Vogelstrauß-Mentalität nichts, den Kopf in den Sand zu stecken, weil man sich selbst damit nicht beschäftigen will und die anderen sollen eben sehen, wie sie damit fertig werden? Nein, das finde ich, ist eine Unverschämtheit und für mich persönlich ein Unding. Wenn ich schon darüber nachdenke, werde ich ganz verrückt, ich kann sowas nicht haben. Es gibt genug Geschichten über Menschen, die noch einmal jemanden sehen wollten und danach verstorben sind. Mütter, die auf ihre Söhne aus den USA warteten, um sich noch einmal zu sehen, noch einmal miteinander zu spre-

chen, um vielleicht noch etwas zu klären und erst dann gehen konnten.
Ähnlich war es mit dem Menschen, mit dem ich etwas klären wollte. Ich wollte nichts lieber, als dass er aus eigenem Antrieb kommt und das ist geschehen. Ich weiß, er kann mir gerade nicht mehr geben und deswegen ist es für mich jetzt auch abgeschlossen – sogar gut abgeschlossen. Ich rühre da jetzt nicht mehr drin rum, sondern habe das Thema zugemacht. Nicht, weil ich verdränge, sondern auch aus Rücksichtnahme. Ich habe verstanden, dass er nicht weiter kann und auch nicht noch einmal kommen wird. Er verkraftet die Situation nicht. Und trotzdem war er bei mir, und das hat mir gereicht.

Sie werden es anders und gleichzeitig genauso gut machen

Lebensauftrag erfüllt

Für mich war mein Lebensauftrag, Menschen zu begleiten und Menschen zu helfen in eine Beziehung mit Gott zu kommen. Diesen Auftrag habe ich für mich so angenommen und habe den Menschen in meiner Umgebung gezeigt, dass es noch einen anderen Weg gibt, mit Situationen im eigenen Leben umzugehen. Nämlich Gott in mein Leben zu lassen, Jesus in mein Leben zu lassen. Diese „Kleinigkeit" zeigt schnell Wirkung. Das eigene Leben ändert sich dann plötzlich, weil man eine andere Perspektive bekommt und anders mit Schicksalsschlägen oder auch dem Alltag umzugehen lernt.

Neben meinem Dienst als Gemeindediakonin, habe ich noch 17 Jahre eine leitende Funktion in der Frauen-Gebets-Bewegung (FGB, früher DFMGB) innegehabt. In diesen Kreisen beten Frauen aus ganz Deutschland für Frauen in anderen Ländern, die Dienst an Menschen tun und die ihnen die Lebensweise mit Gott beibringen wollen. Das Beten soll diesen Frauen Kraft geben für ihre Aufgaben. Diese Kreise sind übergemeindlich in ganz Deutschland vertreten. Da können sozusagen alle hinkommen, die mitbeten möchten.

Es werden also jeweils die Kreise geleitet, aber dann gibt es auch Regionalleiterinnen, die mehrere Kreis-Leiterinnen anleiten und über den Regionalleitern steht eine Bundesleiterin. Ich selbst war eine Bezirksleiterin, mein Bezirk war Westfalen-West und mir waren 20 Kreise und damit 20 Kreisleiterinnen zugeordnet. Mein Auftrag war, ihnen in ihrer Arbeit eine Hilfe zu sein.

Im März 2018 war eine Tagung – und plötzlich habe ich innerlich gewusst, dass ich eine bestimmte Frau ansprechen muss, ob sie meine Nachfolgerin werden möchte. Ich kann

gar nicht sagen, woher das kam, ich wusste es einfach. Also habe ich sie angesprochen und gefragt. Anfang Mai hatten wir dann ein Bezirkstreffen von allen Leiterinnen aus ganz Deutschland, es waren ungefähr 70 Leute da. Diesen Moment habe ich genutzt, um meinen Rücktritt zu erklären. Und auch da weiß ich bis heute gar nicht, warum ich das gemacht habe. Auch die anderen Frauen konnten diesen Schritt nicht verstehen. Ich war ja noch nicht einmal 60 Jahre alt, meine Erkrankung war nicht diagnostiziert, ich fühlte mich gut – aber ich wusste, dass ich das abgeben muss.
Die Frau, die ich im März gefragt hatte, ob sie meine Nachfolgerin werden würde, ist an diesem Tag auch für die Aufgabe angenommen worden. Dafür gibt es ein paar Hürden, die genommen werden mussten und es wird auch genau hingesehen, ob jemand dafür geeignet ist. Aber mit ihrer Annahme war mein Dienst abgeschlossen. Ende Mai kam dann die Diagnose, da habe ich auch meinen Dienst als Gemeindediakonin abgegeben.
Blieb nur noch eine Aufgabe, die ich übernommen hatte: Als Ben sich von seiner ersten Frau getrennt hat und an Wochenenden mit vier Kindern dastand, hat er uns gefragt: „Könnt ihr mich unterstützen?“ Die Antwort darauf war für mich sofort klar, und so haben Günter und ich unserem Sohn in seiner Vaterzeit immer wieder tatkräftig unter die Arme gegriffen. Aber auch dieser Auftrag hat sich in den letzten zwei Jahren verändert, seitdem Ben wieder geheiratet hat. Erst dachte ich, ich könne direkt aus der Sache aussteigen, das wollten die beiden aber nicht. Und trotzdem hat sich unsere Hilfe langsam mehr und mehr rausdividiert. Ich brauchte nicht mehr den Haushalt füh-

ren, ich brauchte ihm nicht mehr zu helfen, er hatte jetzt eine liebe Frau, die ihm hilft und da habe ich mich langsam rausgezogen. Und ich habe diese Veränderung geschätzt, statt zu denken, dass mir jemand etwas wegnimmt. Ich freute mich darüber und so war auch dieser Auftrag abgeschlossen. So habe ich in drei Lebensbereichen das, was ich als meine Aufgabe begriffen habe, abgeschlossen. Die Bezirksleitungs-Aufgabe habe ich schon abgegeben, obwohl ich noch gar nicht wusste, was auf mich zukommt, die Gemeindediakonin-Stelle etwas später dann ganz bewusst. Aber diese Sachen erfolgreich zu beenden, war für mich sehr wichtig. Zu wissen, dass ich meine Aufträge erfüllt habe. Zu wissen, dass ich jetzt Aufgaben abgeben kann. Jetzt machen das andere, die werden es anders und gleichzeitig genauso gut machen.

Meine Lebensaufträge hatten immer mit Fürsorge, Sorge als Grundhaltung, Hilfestellung geben, Unterstützen, warmherzig erkennen, wo einer Not hat, zu tun – und ich habe dann auch mitangepackt. Ich habe eine Freundin, die es nicht schafft, ihre Wohnung selbst aufzuräumen. Es war mir so wichtig, ihr da zur Seite zu stehen, dass wir immer mal wieder hingefahren sind für ein paar Tage, damit ich ihr helfen konnte, ihre Wohnung wieder in Ordnung zu bringen.

Aber dann habe ich auch Menschen in Aufgaben hineinbegleitet, sie gefördert und ihre Entwicklung unterstützt, also Menschen in ihren Taten und Möglichkeiten gefördert, sodass sie zu wirksamen Personen werden konnten.

Rückblick aus dem Tagebuch

Ich werde umsorgt

Ich habe immer für andere gesorgt, jetzt wird für mich in einem guten Rahmen gesorgt. Mein Mann sorgt dafür, dass ich sicher leben kann, dass ich in Ordnung leben kann, obwohl mein Mann das für sich so nicht braucht. Er sorgt auch dafür, dass ich nicht „Essen auf Rädern“ bekomme. Er macht jeden Tag frisches Essen nach einem gemeinsamen Menüplan.

Heute ist der Fußpfleger zum zweiten Male da, das ist eine Wohltat, wenn alles wieder gepflegt ist.

Ben macht sich Sorgen, ob wir alles haben. Haben heute ein Rezept für ein Pflegebett erhalten.
Ich bin so glücklich, dass ich selbst in diesem Zustand Menschen so viel Gutes tun kann. Wir sprechen darüber, dass unsere Berufung nie aufhört, wir können durch unser Dasein so viel vermitteln. Bei Gott sind wir immer brauchbar.

Und in diesen Aufgaben war ich beharrlich. Bei manchen hätten andere schon längst die Flinte ins Korn geworfen und aufgegeben, aber das widerspricht meiner Natur. Ich bleibe dran, und wenn es Jahre oder Jahrzehnte dauert. Solange ich ein Fünkchen Hoffnung habe, mache ich weiter.

Wichtig ist natürlich, dass die Menschen, denen ich helfen wollte, meine Hilfe auch wollten. So habe ich einmal eine Frau begleitet, die konnte nicht mit anderen Menschen sprechen. Sie konnte zwar sprechen, also diese Fähigkeit war da, aber aufgrund ihrer Erlebnisse in der Kindheit und vieler Traumata bekam sie kein Wort raus, wenn man sie ansprach. Stattdessen fing sie mit dem Kopf an zu wackeln, wurde knallrot und kriegte nichts raus. Das war eine wirklich schlimme Situation und sie tat mir so leid. Deshalb wollte ich ihr helfen, diese Hemmungen zu verlieren. Ihr ganzes Leben war davon beeinflusst und sie lebte völlig isoliert, sie hatte niemanden. Also habe ich mich um sie gekümmert. Wie in einer Therapie haben wir uns über drei Jahre dreimal in der Woche nachmittags getroffen für eine halbe bis eine Stunde und haben am Tisch voreinander gesessen. Ich habe dann immer versucht, sie anzusprechen und jedes Mal ging es ein bisschen besser, aber es hat drei Jahre gedauert, bis sie mit mir über ihre inneren Nöte reden konnte.
Wir haben den Grund für ihre Blockade herausgefunden und sind dieser Ursache nachgegangen. Ihre Entwicklung zum Besseren hatte auch viel mit Vergebung zu tun. Heute ist sie ein fröhlicher und glücklicher Mensch und kann ohne Probleme mit anderen Menschen reden. Mir selbst war es extrem wichtig, ihr und den vielen anderen Menschen, denen ich im Leben auf diese Weise begegnet bin, zu helfen und heute freue ich mich darüber, was sich durch meine Beharrlichkeit bei den Menschen verändert hat.

Die müssen meine Fröhlichkeit ertragen und ich ihre Traurigkeit

Loslassen lernen und losgelassen werden

Heute würde ich sagen, dass es keine Bereiche mehr gibt, in denen mir das Loslassen schwerfällt. Natürlich gab es immer wieder Momente von: „Oh! Jetzt überkommt mich doch eine Wehmut, dass ich das jetzt nicht mehr machen kann.“ Aber ich habe keine Tendenz zum Festklammern an etwas, was einfach nicht mehr ist. Ich finde mich mit solchen Situationen schnell ab. Wenn ich so eine Veränderung erkenne, ordne ich sie ein und gehe auf das zu, was für diese Situation erforderlich ist. Auch wenn es etwas ist wie, dass ich meinen Bruder in Österreich nicht mehr besuchen kann. Ich weiß, dass ich da nicht mehr hinkommen werde. Aber ich kann mich nicht damit aufhalten, ich muss das annehmen und weitergehen.

Ben

Das ist wieder eine Haltungsfrage. Inwieweit bin ich in der Vergangenheit verhaftet und abhängig von dem, was in der Vergangenheit war. Meine Mutter ist nicht wehmütig, auch wenn sie die Stiche und Blitze spürt, die mit der Veränderung einhergehen. Aber die sind eben nicht immer veränderbar. Und schon sind wir beim Thema Akzeptanz, ein schwieriges Wort, aber erst in der Akzeptanz bin ich in der Lage, Ziele zu setzen, um mit dem, was ist, nach vorne gerichtet weitergehen zu können. Das fällt ihr leicht, auch schon immer. Für die meisten Menschen ist das aber eine riesige Herausforderung und sie beschäftigen sich oft mit der Frage „Was mache ich denn, wenn es doch hochkommt? Was mache ich denn, wenn es mir dann doch schwerfällt? Wer wieder daran denkt, ist wehmütig hinsichtlich der eigenen Vergangenheit. Walter Kohl arbeitet in einigen seiner Vorträge mit einer Holzskulptur mit drei Gesichtern. Eins schaut zur Seite, eins nach vorne und eins zur anderen Seite. Diese Dreierkonstellation ist für ihn ein Sinnbild für Frieden mit der Vergangenheit haben", „Im Hier und Jetzt sein" und dabei „In die Zukunft blicken". Aber auch Spiritualität hat großen Einfluss auf unsere Haltung und unsere Werte, die sich im Verhalten und Denken äußern. Spiritualität hat seit jeher Bestand im Leben der Menschen gehabt. Doch je moderner wir geworden sind, desto mehr ist das rausgeflogen. Aber Menschen haben ein tiefes Empfinden für Überirdisches. Das kann einem auch die Moderne nicht aberziehen.

Mein Ziel ist nicht das bloße Weitergehen, um mal zu gucken, was jetzt so kommt. Meine Zielausrichtung ist Gott und dieses Ziel hält mich. Jesus ist für mich ans Kreuz gegangen, er hat seine Arme nach links und rechts ausgebreitet und gesagt: „Kommt her alle, her zu mir, die ihr mühselig seid und beladen, ich will euch Ruhe geben." Er hatte Frieden mit seiner Vergangenheit, war im Hier und Jetzt, aber sein Ziel war klar: der Himmel.
Jeder Mensch glaubt an etwas, selbst wenn er sagt, dass er Atheist ist. Der Glaube ist da und jeder Glaube, den ein Mensch hat, wird sich auswirken in seinem Leben. Ohne Glaube ist Leben wie Fußballspielen ohne Tor – man kann es direkt lassen.
In meinem Leben ist es so, dass mein Glaube die Auswirkung hat, dass ich diese Haltung angenommen, für mich verinnerlicht und übernommen habe. Ich weiß dadurch, was mein Ziel und was der beste Weg für mich ist.
Losgelassen werden ist nochmal ein anderes Thema. Ich selbst bereite mich einerseits darauf vor, diese Erde zu verlassen, andererseits werde ich immer wieder mit der

Trauer darüber, dass ich gehen werde, konfrontiert und dadurch zurückgehalten. Es ist nicht ganz einfach für mich, damit umzugehen. Ich muss mich immer wieder innerlich festigen und Gewehr bei Fuß stehen, weil ich nicht weiß, womit ich konfrontiert werde. Der Lernprozess, den ich hier durchmachen musste, ist, dass die Menschen um mich herum so reagieren müssen. Und auch, dass daran nichts verkehrt ist. Ich überfordere sie auch mitunter mit meiner Haltung oder mit der Hoffnung, die ich habe. Aber in meiner jetzigen Lage wäge ich das, womit ich konfrontiert werde, ab und denke mir auch mal: „Ist mir scheiß egal – jetzt bin ich dran."

Ich möchte damit nicht falsch verstanden werden – ich verstehe die Trauer der Menschen um mich herum und ich versetze mich auch oft da hinein. Aber ich kann das nicht immer. Deshalb gibt es immer wieder Tage, in denen ich mir sage: „Heute bin ich dran und ihr könnt trauern so viel ihr wollt, das ist mir jetzt schnurzegal, denn ich bin jetzt fröhlich und ihr kriegt mich nicht von meiner Fröhlichkeit weg." Das will auch niemand, aber das passiert ganz automatisch. Es ist nicht immer einfach, aber ich möchte lernen, etwas mehr bei mir zu bleiben. Ich versuche auch mit Menschen, die mich besuchen, darüber zu sprechen, ihnen die Hoffnung zu zeigen, die ich habe oder auch meine Fröhlichkeit. Oftmals klappt das und sie verstehen es, dann sagen sie mir hinterher: „Toll, jetzt sind wir gekommen, um dich zu trösten und jetzt tröstest du uns – ist irgendwie verkehrte Welt." Mich freut das aber, denn dann ist es mir gelungen, dass sie eben nicht traurig sind, weil ich gehe. Sie wissen ja, wo ich hingehe. Und trotzdem verstehe ich, dass sie traurig sind und akzeptiere das. Aber die Trauer der anderen belastet mich oft und zieht mich weg von meiner Fröhlichkeit und ich muss schwer darauf achten, dass ich mich nicht runterziehen lasse. Ich möchte einfach nicht mehr in Trauergefühle kommen, das habe ich für mich abgeschlossen. Meine „Scheiß-egal-Einstellung" ist also eigentlich nur eine Abwehrhaltung gegen Trauer. Die Trauer der anderen beschäftigt mich aber, vor allem, wenn sie aus der Familie kommt. Ich weiß, dass diese Trauer jetzt allen wehtut und ich ihnen dabei nicht helfen kann. Sie müssen da selbst durch und dieser Gedanke geht entgegen meiner Familienfürsorge. Ich denke viel darüber nach, wie ich das ändern kann – aber da stoße ich immer wieder an die Grenze, dass ich es eben nicht ändern kann, egal wie sehr ich das möchte. Es ist jetzt so und ich muss das jetzt aushalten – sie müssen meine Fröhlichkeit ertragen und ich ihre Traurigkeit. Daran habe ich immer wieder zu kauen. Das ist wie Brot, das man isst. Es gibt Weißbrot und es gibt Schwarzbrot, und das hier ist eben Schwarzbrot.

Rückblick aus dem Tagebuch

Was brauchst du noch?

Meine Freundin Angela ist da: Sie fragt: „was brauchst du denn noch?". Ich weiß es nicht. Ich brauche eigentlich nichts mehr, zumindest nichts, was man kaufen kann. Ja, ein Eis am Ende des Tages, das genehmige ich mir jetzt.

Aber beim weiteren Nachdenken, kommen mir dann doch so einige Sachen.

1. Sicherheit
Man braucht die Sicherheit, dass man gut aufgehoben ist. Dass man versorgt ist, wenn man nicht mehr für sich selbst sorgen kann. Dass für die Medikation gesorgt ist. Da habe ich mir Sorgen gemacht, ob mein Mann das kann.

2. Respekt
Ich brauche die Gewissheit, dass meine Entscheidungen respektiert werden, z. B. dass ich nicht ins Krankenhaus will. Es war wichtig zu wissen, dass ich zuhause sein kann, nicht mehr weg muss, egal was passiert, egal, was für ein Notfall kommt. Ich habe einen sicheren Ort. Hier kenne ich mich aus.

3. Ein Zuhause
Ein Zuhause, wo man sein darf, wie man ist, schwach, hilflos. Wohin aber auch Freunde kommen und wo die Familie ist.

4. Würde
Man muss seine Würde bewahren können. Man muss wissen, dass die Menschen drum herum meine Würde respektieren.

5. Wohlfühlatmosphäre
Ich brauche eine Wohlfühlatmosphäre, möchte einen guten Geruch und nicht abstoßend für andere Menschen sein müssen. Eine Decke

auf dem Tisch. Eine freie Sicht, dass nichts im Wege steht. Einen klimatisierten Raum mitten im heißen Sommer.

6. Gespräche …
… wenn ich wach bin oder solche, die mich wachhalten.

7. Mitsprache
Ideen geben und mitsprechen dürfen, wenn die besten Freunde kommen. „Kauf Schinken, sie mag den“, sage ich bei einer Freundin, die uns zwei Tage besucht. „Leg eine Decke auf, sie liebt das“, bei einer anderen.

Aber die Menschen haben ganz unterschiedliche Wege mit meiner Situation umzugehen, das kann man schon an dem Verhalten meiner Enkel sehen. Wir pflegen einen offenen Umgang mit den Kindern. Wir wollen ihnen zeigen, dass Leben und Sterben zusammengehören und wie wir als Erwachsene damit umgehen. Jedes Kind zeigt, aufgrund der eigenen Persönlichkeit, eine andere Art und Weise das Gehörte und Gesehene zu verarbeiten. Der Älteste zieht sich eher zurück, der zweite taucht unerwartet auf, sitzt dann zwei Stunden hier und unterhält sich mit mir – was ich schon beachtlich finde mit 13 Jahren freiwillig mehrfach herzukommen. Die Zwillingsmädchen haben da auch ihre unterschiedlichen Wege. Die eine ist in einem spielerischen Verdrängungsmodus – so würde ich das jetzt mal nennen. Sie kommt mit mehreren Freundinnen her, die alle Instrumente spielen und gern singen – dann machen

sie mit Günther zusammen eine Session. Oder sie schnappen sich den Rollstuhl und medizinische Instrumente und spielen Doktor, das Nebenzimmer wird dann zum Krankenzimmer, wo die Diagnose gestellt wird, und so weiter. Sie verarbeiten das also eher spielerisch. Und dann sitzen sie aber plötzlich hier und stellen Fragen: „Oma, wie ist das denn im Himmel eigentlich?", „Ich bin aber traurig, wenn du jetzt nicht mehr da bist, du nicht?", oder eine Freundin sagt: „Ich möchte ein Bild von dir und mir, können wir das noch machen?".
Die andere Enkelin kommt sehr oft zu mir und hat das Bedürfnis, mich zu knuddeln oder mir etwas Gutes zu tun, beispielsweise einfach hier bei mir zu sitzen. Ihr habe ich Häkeln beigebracht. Sie hat mir auch einen ganz süßen Brief geschrieben, in dem sie mir schreibt, was ich ihr alles bezeigt habe und wie dankbar sie dafür ist, weil sie daran so viel Freude hat. Sie schreibt auch, dass sie mich ganz doll lieb hat.

Rückblick aus dem Tagebuch

Wie die Enkel reagieren

Günther und die Enkelkinder hängen die Wäsche auf. Ich sage: „Schade, dass ich nicht mithelfen kann." Eine Enkelin antwortet: „Oma, du hast bisher immer alles gemacht, gekocht, gewaschen, sogar unser Zimmer aufgeräumt, jetzt machen wir das für dich."

Die Mädchen gehen mit Günther in den Kletterpark, sie sollen Zeit mit ihrem Opa

verbringen. Bin vier Stunden alleine. Zum Süßkartoffel-Pommes-Essen sind sie wieder da. Sie bereiten alles um mich herum vor. Das Essen kommt in die Mikrowelle, da brauche ich nur draufdrücken, das wird klappen. Wir genießen das Essen. Wir haben eine fröhliche Zeit.

Günther fragt die Mädchen: „Wie geht es euch damit, dass Oma vom Himmel spricht und dass sie bald sterben wird?“. Sie sind sich einig: „Das ist gut, dass Oma uns das sagt, besser, als wenn wir von nichts wüssten. Aber wir sind doch auch traurig, wenn sie geht. Das wird uns Tränen machen.“

Trotz der unterschiedlichen Herangehensweise, wissen alle, dass es mir schlechter gehen wird, deshalb stehen sie manchmal da und gucken, ob die Oma noch da ist. Jüngere Kinder gehen ganz anders mit der Situation um und verstehen vieles auch intuitiv schneller und besser als Erwachsene, finde ich. Sie sind auch offener dafür zuzuhören. Erwachsene sehen meist alle Probleme, die mit dem Sterben einhergehen und können sich dann schlecht auf das Wesentliche konzentrieren. Kinder sehen das noch nicht, sie haben ihre Leichtigkeit und deshalb kann man ihnen dadurch anders vermitteln, dass das zum Leben dazu gehört.
Ich hatte auch keine Angst vor der Reaktion der Kinder, es war mir sehr wichtig, sie in diesen Prozess miteinzubeziehen. Günther hat auch nochmal mit allen einzeln darüber

gesprochen, wie sie das Ganze empfinden, wenn sie mich sehen, wie es mir auch schlechter geht und ich immer weniger tun kann oder auch, wenn ich darüber spreche. Einfach, um zu sehen, ob sie das wirklich ernst meinen oder ob sie Stärke vorspielen. Der 13-Jährige hat dann gesagt: „Das ist doch die beste Art damit umzugehen“ und der Große sagte: „Ich finde gut, dass die Oma so ist.“ Die Zwillingsmädchen zeigten Trauer darüber, dass ich bald nicht mehr da bin, aber sagten auch, dass sie mich verstehen. Ich bin davon überzeugt, dass, wenn man Kinder von Anfang an in die Trauerarbeit mithineinnimmt, sie es viel leichter haben, wenn der Abschied dann wirklich da ist. Ich finde, man sollte Kinder davon nie ausschließen. Natürlich ist das auch ein Stückweit eine Belastung für sie, aber Kinder können auch schon Dinge vertragen und ertragen, das darf man nicht unterschätzen. Kinder sind bereits eigene Persönlichkeiten und je eher sie lernen mit sowas umzugehen, desto leichter haben sie es in ihrem weiteren Leben, emotional schwere Situationen durchzustehen.

Rückblick aus dem Tagebuch

Meine Enkel kommen

Sie haben mich zum ersten Mal beim Essen im Bett liegen gesehen. Ich war etwas aufgeregt, wie sie das wahrnehmen würden. Aber sie waren nicht so beklommen.

Abends sind die Jungs noch mal da, wir haben uns Döner geholt. Sie hören zu, wie ich ihnen von meiner Hoffnung erzähle. Ich weiß doch

wohin ich gehe, ich freue mich schon so.
Mein Mann sagt: „Wir wollen jeden Tag feiern und nicht das bedauern, was wir verpassen könnten. Unsere Tage sind ausgefüllt mir Freude und Hoffnung."

Der eine nickt fröhlich. Der andere Enkel sagt: „Die Einstellung ist besser als alles andere. Ich komme gerne wieder zu Besuch." Kinder, die die Hoffnung auf Jesus haben, können es viel besser nachvollziehen als Erwachsene.

Mutti, wir sehen uns bald

Trauer

Wie intensiv jemand Trauer erlebt, hat mit der Beziehung zu tun, die man mit diesem Menschen hatte. Ist die Beziehung enger, ist die Trauer größer und braucht auch mehr Zeit. Auch Zeit, um mal ärgerlich gegenüber Gott zu sein und zu schimpfen: „Warum musste die/der jetzt sterben? Konntest du das nicht verhindern?“. Es ist wichtig, diese Wut auch mal rauszulassen, um den kompletten Trauerprozess durchzumachen. Bei manchen Menschen war ich sehr erschrocken darüber, dass ich so wenig getrauert habe. Da habe ich schon gedacht, komisch irgendwie.
Nach Bens Geburt wollten Günther und ich noch ein Kind, aber ich habe es im fünften Monat verloren. Ich habe mein verlorenes Kind nicht gesehen, das wollte ich nicht. Ich weiß, es ist aufgehoben bei Gott. Mit dieser Trauer bin ich sehr anders umgegangen als mit der Trauer um meine Eltern oder um andere Familienangehörige. Beispielsweise habe ich zwei Großtanten von mir gepflegt, da war meine Trauer ganz anders. Als Kind habe ich sehr um meine Tante getrauert, die sehr früh verstorben ist. Damals war ich erst sieben Jahre alt. Aber dieser Abschied ist mir sehr schwergefallen, weil ich sie sehr sehr geliebt habe und es für mich keine Möglichkeit mehr gab, sie zu besuchen – auch nicht als sie im Krankenhaus war. Sie hatte Nebennierenkrebs und ist auch nicht wirklich schön gestorben. Sie hatte später auch Hirntumore und das war recht heftig, auch weil sie dann mitunter ziemlich verwirrt war, deshalb konnte ich sie als Kind nicht mehr besuchen. Diese Trauer damals hat mich arg mitgenommen und ich habe auch lange damit zu tun gehabt. Aber meine Mutter hat mir über diese Trauer hinweggeholfen und mir immer wieder die Möglichkeit gegeben, darüber zu sprechen. Sowieso war es in meiner

Familie ganz normal, offen zu reden, auch wenn es dann manchmal geknallt hat – dann war eben Gewitter, aber danach hat man sich auch wieder verstanden. Und das war und ist mir auch heute noch sehr wichtig, das Reden. Auch wenn es sich schrecklich anhört und ich bei dem Gedanken bereits weinen muss, aber ich weiß, ich hätte mehr um meine Schwiegermutter getrauert als um meine eigene Mutter. Einfach, weil sie mir näher ist. Wir haben eine sehr besondere Beziehung. Schon bei Günthers und meiner Verlobung habe ich zu ihr gesagt: „Ich werde jetzt Mutti und Papa zu euch sagen – wie Günther". Schon zu Beginn unserer Beziehung habe ich oft und lang mit Günthers Mutter telefoniert. Sie hat mir beispielsweise sehr viele gute Ratschläge gegeben, als ich mit jungen Jahren die Küche in der Schule meiner Eltern leitete. Meine Mutter war Krankenschwester und hatte nicht die Erfahrungen, die meine Schwiegermutter hatte. So wandte ich mich immer wieder an sie und fragte: „Mutti, wie kochst du „dieses" und wie macht man „jenes"?"

Meine Schwiegermutter besuchte uns zweimal im Jahr in Hagen. Sie ist eine Expertin in Sachen Gartenarbeit und Obstverwertung, deshalb kam sie meist, wenn diese Tätigkeiten anstanden. Sie unterstützte mich dabei, in der Großküche Obst einzumachen und Gemüse zu verwerten. Gleichzeitig war auch ich jederzeit zur Stelle, wenn meine Schwiegereltern Hilfe brauchten, beispielsweise bei Krankheiten oder Festen. Zweimal haben wir gebrauchte Schlafzimmer von Hagen nach Kassel zu ihnen gebracht, genauso Wohnzimmermöbel oder einen elektrischen Sessel.

Unser Miteinander war immer sehr offen, alle Sorgen, die wir als Ehepaar hatten, konnten wir mit meiner Schwie-

germutter besprechen. Wir sind auch zweimal zusammen in Urlaub gefahren und Ben war in den Ferien häufig bei ihnen. Ich hatte nie Sorge, dass das nicht klappen würde, meine Schwiegereltern waren großartig in den Rollen Oma und Opa.
In Günthers Familie habe ich gefunden, was ich bei meiner vermisst habe: persönlichen Zusammenhalt, Sorge füreinander und persönliches Interesse aneinander. Meine Schwiegermutter ist ebenfalls sehr fürsorglich und so fand ich in ihr mein Gegenüber.
Zuletzt besuchte sie mich für drei Tage und war sehr erleichtert, als sie sah, mit welchem Mut ich mein Lebensende gestalte. Ihre Trauer darüber, dass ich früher gehen muss als sie, ist trotzdem groß. Deshalb habe ich ihr gesagt: „Mutti, wir sehen uns bald".

Aus einem Brief von Schwiegermutter Anni an Esther

Unser herzliches Vertrauen und Verhältnis zueinander sind bis heute geblieben. Du bist eine Schwiegertochter nach meinem Herzen. Schön, dass du immer für uns da warst. Hatten wir ein Fest zu feiern, besorgtest du mit mir die Sachen für das Fest: Tischdecken, Kerzen, Servietten und so weiter, die Dekorationen, alles Schöne brachtest du mit von dir zu Hause. Wenn du da warst, wusste ich, das Fest gelingt. Du bist mir immer eine Hilfe und Ratgeberin gewesen, in all den Jahren konnte ich alles mit dir besprechen. Deshalb möchte ich dir sagen: „Ich hab dich lieb!" Deine Mutti

Deshalb bin ich überzeugt davon, es kommt auf die Nähe an, wie stark einen Trauer betrifft. Man kann sich da auch verschließen, aber das habe ich nie gemacht. Ich bin ein extrovertierter Mensch, auch in meiner Trauer, ich rede, weine und das ist dann eben so. Für Trauer muss man einen gewissen Raum lassen. Es gibt genug, die sich den nicht geben, aber die Trauer holt diese Menschen irgendwann ein. Ich finde es wichtig, Trauerprozesse durchzumachen. Heute bin ich sogar der Meinung, dass Menschen, die stark betroffen von Trauer sind, eine Trauerbegleitung zur Hilfe holen sollten oder eine Beratung oder Therapie in Anspruch nehmen sollten. Dort lernt man, wie man mit Trauer umgeht, was wichtig für das eigene Seelenheil ist. Wer das nicht zulässt, kann daran verzweifeln und auch sein Leben lang immer damit hadern. Manche Trauer rührt auch daher, dass man etwas nicht mehr besprechen kann, was einem wichtig gewesen wäre. An der Stelle kann man daran arbeiten, sich selbst und anderen zu vergeben, denn wenn man das nicht schafft, ist der Trauerprozess umso schwerer.

Es ist besser, sich dann an jemand Externes zu wenden, statt an jemanden aus der Familie, der einem darüber hinweghilft.

Ich selbst mache das über meinen Glauben. Ich gehe dann ins Gebet und bete dafür, dass Gott mir hilft und dass Jesus mir Festigkeit, Ruhe und Frieden in mein Herz schickt und mir zeigt, wie ich das bewältigen soll. Das ist mein Weg, aber es gibt eben auch Menschen, die einen Menschen brauchen, der ihnen weiterhilft.

Bekomme ich noch ein Stück Kuchen? Weil ich darf das jetzt!

Die Gabelliste

Ben hat mich recht schnell nach der Diagnose gefragt: „Wollen wir nochmal wegfahren? Gibt es etwas, das du sehen oder erleben möchtest?“. Darauf habe ich nur geantwortet: „Nee, warum? Hier ist es doch schön? Wieso soll ich denn wegfahren?“. Ich bin ein Mensch, der schon immer die Lebenseinstellung hatte, dass das, was heute ist, wichtig ist. Ich bin auch ein zufriedener Mensch, der sich schnell mit einer Veränderung arrangieren kann. Ich bin am besten darin mit dem, was ich jetzt und heute habe, zurechtzukommen, ich muss mich nicht ausstrecken, um etwas anderes zu haben – danach habe ich gar kein Verlangen.
Es gibt eigentlich nichts, was ich gern noch gemacht hätte. Wenn ich etwas Schönes in meinem Leben erlebt habe, dann bin ich dankbar dafür gewesen, aber dann habe ich das auch abgeschlossen. Günther ist anders, ich weiß, er hat noch vieles, was er gern noch machen würde – wie eine „Löffelliste“ (alles, was man noch machen möchte, ehe man „den Löffel abgibt“). Ich habe etwas, womit ich mir eher eine Freude machen kann: eine Gabelliste.
Ich esse und koche für mein Leben gern. Doch vor ungefähr fünf Jahren, als ich stark Darmkrank war, wurde festgestellt, dass ich einige Lebensmittelunverträglichkeiten habe und aufgrund dessen viele mikrofeine Löcher im Darm. Um diese wieder zu schließen, musste ich meine komplette Ernährung umstellen. Ich darf deshalb keinen Weizen essen, keinen Zucker, ganz viele Früchte nicht, keine Hefe, keinen Essig – eigentlich nichts, was säuert. Anfangs durfte ich überhaupt kein Mehl essen, also habe ich mein Brot selbst gebacken mit Roggen. Jedenfalls bleibt

nicht so viel übrig. Das wenige musste ich dann erstmal finden und dann musste ich lernen, damit zu kochen.
Ich bin Hauswirtschaftsmeisterin von Beruf und habe eine Großküche geleitet. Im Schnitt habe ich ca. 50 Menschen jeden Mittag versorgt, das heißt, ich habe alles gemanaged, was mit Essen zu tun hatte. Das habe ich 20 Jahre lang gemacht und ich habe es geliebt, Riesenmengen für andere zu kochen. Das war nicht nur mein Beruf, das war meine Leidenschaft. Und dann das meiste nicht mehr essen dürfen ... das war schwierig. Aber ich habe mich strikt darangehalten. Wenn ich mich für etwas entschlossen habe, geht mir auch nichts anderes runter.
Aber all das, was ich in den letzten Jahren nicht essen konnte, esse ich jetzt. Ich nehme Schmerzmittel, ich nehme Abführmittel – zur Toilette gehen ist eh schwierig, da kann ich auch essen, was ich will. Deshalb habe ich eine Gabelliste mit besonderen Gerichten, die ich gern nochmal essen oder trinken möchte.
Mein Vater hat 45 Jahre lang Israelgruppenreisen geleitet. Von diesen Reisen hat er oft einen Wein mitgebracht – einen süßen Likörwein aus der Gebirgsregion des Karmel. Mit 13 oder 14 habe ich ihn zum ersten Mal probiert – dieser Geschmack! Total gut! Mein Vater hatte damals dem Vater meiner Freundin, die über 500 Ecken auch mit mir verwandt war, so eine Flasche Wein geschenkt. Ich verbrachte 14 Tage in ihrer Familie. An einem Abend wollte ihr Vater diesen Wein trinken und hatte ihn auch schon aufgemacht, da klingelte das Telefon und er machte sich schnell auf den Weg, er hatten nämlich eine Verabredung verschwitzt. Noch bevor er das Haus verließ, schüttete ihr Vater uns beiden ein kleines Schlückchen des Weines

ein. Er wollte uns was gönnen und deshalb durften wir von dem Wein kosten. Er hat uns beiden gut geschmeckt. Als meine Freundin und ich dann alleine waren, sagte ich zu ihr: „Das fällt doch nicht auf, wenn wir uns noch so ein Schlückchen aus der Flasche schütten, der hat das ja schließlich nicht abgemessen.“ Das leuchtete auch ihr ein und so schütteten wir uns nach. Aber mit der Zeit haben wir uns immer mehr daraus eingeschüttet, bis wir beide sternhagelvoll waren. Wir hatten vorher noch nie Alkohol getrunken und waren dementsprechend gar nichts gewöhnt. Als ihr Vater von dem Treffen zurückkam, hat er fast einen Anfall bekommen und uns gefragt, ob wir sie eigentlich noch alle hätten. Er fühlte sich so schuldig und wusste gar nicht, wie er das meinem Vater sagen sollte. Aber abgesehen davon, war die Aktion ziemlich lustig.

Mit diesem Wein verbinde ich also sehr vieles, einmal dieses Erlebnis, aber ich spüre auch eine Verbindung zum Land Israel. Ich trage ja auch einen hebräischen Namen, Esther. Dabei wollte meine Mutter eigentlich, dass ich Elisabeth heiße. Weil der Name meinem Vater nicht gefiel, hat er beim Standesamt Esther eintragen lassen. Meine Mutter war zwar stinksauer, aber ändern konnte sie es nicht mehr. Für mich ist der Name eine Verbindung zu meinen jüdischen Wurzeln, meine Urgroßmutter war Jüdin und ich liebe das Land Israel. Meine ganze Familie hat eine enge Beziehung zu Israel, allein schon, weil mein Vater lange Reiseleiter war. Nach ihm haben meine Brüder die Reiseleitung übernommen. Aus diesem Grund haben wir immer mitbekommen, wie es den Menschen in Israel geht und wie die Konflikte wirklich abgelaufen sind.

Auf meinen drei Reisen nach Israel habe ich dieses Land als sehr positiv und aufgeschlossen erlebt. Ich selbst war vor mehr als 30 Jahren das letzte Mal dort. Danach bin ich nicht mehr hingefahren, weil sich durch unseren Umzug unser Dienst sehr verändert hatte. Günther hat das Klima auch nicht so gut vertragen, er hatte immer Schwierigkeiten mit einer Sonnenallergie.
Aber so, wie ich Israel liebe, so liebe ich auch diesen Wein. Dabei bin ich gar kein Alkoholtrinker und bei uns in der Familie ist Alkohol sowieso kein Thema. Günther hat einen Gendefekt und darf überhaupt keinen Alkohol trinken. Aber diesen Wein, den habe ich als so lecker in Erinnerung, den wollte ich nochmal trinken. Der kam auf die Gabelliste. Eigentlich habe ich mich, bis ich bettlägerig wurde, weiterhin strikt an meinen Essensplan gehalten. Aber jetzt weiß ich, dass es egal ist, ich kann jetzt auch eine Pille einschmeißen, wenn es nicht funktioniert. Ich mache mir da jetzt nicht mehr so den Kopf drum und ich finde, ich muss mir jetzt nichts mehr auferlegen, was nicht mehr nötig ist. Ich übertreibe es aber auch nicht, ich esse weiterhin Dinge, die mir guttun, nur zwischendurch gönne ich mir eben auch mal ein Stück Kuchen.

Rückblick aus dem Tagebuch

Wann soll ich aufhören Stärkungspräparate zu nehmen?

„Wann soll ich aufhören mit den Stärkungsmitteln?“. Das ist eine Frage, die ich mir stelle: Wenn mein Leben zu Ende

geht, sollte ich dann noch ständig durch die Naturpräparate aufgebaut werden?
Aber Heike, meine Heilpraktikerin, beruhigt mich: „die D- und B-Vitamine sind für die Nerven und Zellen gut, die Aminos wirst du einige Tage vorher weglassen, wenn du merkst, dass es zu Ende geht".

Rückblick aus dem Tagebuch
Soll ich neue bestellen?

Meine Stärkungsmittel gehen zu Ende. Günther fragt: „Sollen wir neue bestellen? Sie reichen noch eine Woche?". Ich sage: „Nein, jetzt hören wir auf, es ist gut, das sagt mir mein Inneres".

Es gibt Menschen, die gern verreisen. Ich fand es schön nach Israel zu reisen, aber ich habe keine Orte, die ich gern noch sehen würde. Ich freue mich immer an dem, was heute dran ist, was Gott heute für mich bereit hält. Und wenn das morgen nicht der Fall ist, dann ist was anderes dran und dann kann ich mich auch daran freuen. Aber aus diesem Grund habe ich keine Löffelliste, ich habe keine Sehnsucht danach, irgendwo hinzufahren oder etwas Verrücktes zu machen. Ich will was essen.

Rückblick aus dem Tagebuch
Bewusstsein des Abschieds

Heute Abend bin ich wehmütig, mir rollen die Tränen, ich muss daran denken, was ich alles

nicht mehr erlebe: den 40. Geburtstag von Ben, die Ereignisse im Leben der Enkel. Ich kann nichts mehr mit meinem Mann unternehmen, keine Reise, keinen Ausflug, keine Aktion, dabei haben wir das immer so gern miteinander gemacht. Da ist so ein Spagat.

Ich freue mich so sehr auf Jesus und bin so unendlich traurig, dass ich meine Familie verlassen muss. Jetzt, wo wir Familie sind, wo die Dinge so sind, wie ich sie immer gewünscht habe. Es ist so ein schönes Erleben und jetzt kann ich es nicht länger genießen.

Günther sagt: „Du hast die Familie zusammengebracht und zusammengehalten, das werden sie beibehalten, sie werden es nicht vergessen, sie werden dich nicht vergessen."

Als Kind war ich häufig mit meinen vielreisenden Eltern unterwegs. Noch bevor meine Eltern ihre eigene theologische Fachschule hatten, ist mein Vater als Bibellehrer oft an eine theologische Schule in der Schweiz gefahren. Immer wenn wir da wieder hinmussten, dachte ich nur „boa nee". Ich wusste schon damals, dass ich nie viel in meinem Leben reisen will.
Günther verreist gern, er ist unternehmungslustig und ich habe ihm auch immer Mut gemacht.
Zum 60. Geburtstag haben wir ihm eine Ballonfahrt geschenkt – da hat er sich richtig gefreut. Ich habe mir auch von ihm gewünscht, dass er in die Berge verreist, sobald

mein Leben zu Ende gegangen ist. Er liebt die Berge und es ist auch egal, ob er mit einem Freund fährt oder mit Ben. Er soll rausgehen, fahren, das liebt er – damit habe ich gar kein Problem. Auch in unserer Ehe hatte ich damit kein Problem. Schließlich war er öfter unterwegs zu Seminaren, die er gehalten hat. Ich habe ihn da nie zurückgehalten, er ist ein anderer Mensch. Und ich wusste genau, auf was ich mich einlasse. Ich kannte ja das Leben meiner Eltern und ich wusste, wenn ich Günther heirate, wird's bei mir nicht anders. Aber ich konnte es anders machen. Meine Mutter ist gern mit meinem Vater mitgefahren, wenn es ging. Sie war auch eine sehr reiselustige Person. Anfangs bin ich ein paarmal mitgefahren, aber dann habe ich Günther darum gebeten, mich zuhause zu lassen, das ist einfach mehr mein Rahmen. Ich brauchte das nicht. Und so haben wir uns gegenseitig akzeptiert.
Jungen Menschen würde ich auf jeden Fall raten, sich auszuprobieren und Reisen zu unternehmen, heute gibt es nochmal ganz andere Möglichkeiten, das finde ich sehr gut. Ich weiß aber, ich hätte es nicht gemacht. Man kann auch anders seine Erfahrungen machen, dafür muss man nicht in die Ferne schweifen. Das Gute liegt manchmal hier. Ich fahre auch nicht so gern Auto, weder als Fahrerin noch als Beifahrerin. Es ist auch egal, ob jemand gut fährt oder nicht, ich bin jedes Mal heilfroh gewesen, wenn ich angekommen bin. Aber auch mich auf eine Reise einzustellen, also Koffer packen, habe ich nie gern gemacht.

Rückblick aus dem Tagebuch

Ich brauche keinen Koffer mehr

Ich liege abends im Bett und sage zu Günther: „Weißt Du, ich muss mir keine Gedanken machen, was ich mit auf die Reise nehmen muss. Weißt du noch, wie schwierig und umständlich das immer war wegen meiner besonderen Ernährung und meiner Schwachheiten? Jetzt ist alles erledigt. Ich brauche keine Sachen mehr und muss keine Kisten mehr packen. Was wir aber jetzt packen und weggeben können, sind alles meine Sachen, die ich nicht mehr brauchen werde. Das möchte ich jetzt schon erledigen, sonst hast Du hinterher nur Ballast".

Alle anderen müssten meinen Scheiß aufräumen ... das will ich nicht.

Nach Israel wollte ich dann aber „in jungen Jahren" doch, es war mir wichtig, das Land zu sehen, in dem Jesus gelebt hat. Ich wollte die Stellen und Dinge sehen und erleben, die ich aus der Bibel kenne. Und wenn man etwas liest, macht man sich selbst manchmal eine ganz andere Vorstellung davon, als es wirklich ist. Einfach mal dahin zu kommen und zu sehen, wie das wirklich war, schon allein, was für Entfernungen, die damals zu Fuß zurückgelegt haben. Man selbst denkt beim Lesen: „Joa die gehen von Jericho nach Jerusalem, zack mal eben", ja von wegen „zack mal

eben“, das sind richtig ordentliche Strecken. Es war auch sehr interessant, die Ausgrabungsstätten zu sehen.
Aber abgesehen davon war ich einfach noch nie unternehmungslustig, trotzdem bin ich beispielsweise mit unseren Enkelkindern verreist, in den Zoo oder eine Schifffahrt machen. Einmal waren wir auch Snowboardfahren – da hatte ich auch keine Lust zu, mich hinzustellen, zu zittern, wenn die da mit dem Snowboard runtersausen. Da habe ich mehr darauf geachtet, was die Bedürfnisse der Kinder sind, aber ich selbst hätte das nicht gebraucht. Da ist meine Fürsorge größer als mein eigener Wille.
Genauso hat mein Sohn mal mit 16 die Sommerferien in Alaska verbracht. Es war sein Wunsch und uns war wichtig, dass er das machen kann, also habe ich alles vorbereitet und ihm das erlaubt.
Und vielleicht hat sich deshalb mein Sohn darum gekümmert, dass ich meinen „King David Wein“ bekomme. Er hat im Internet recherchiert und drei Flaschen bestellt. Ich werde mir ein Glas von diesem Wein genehmigen, da kann passieren, was will und wenn ich Schmerzen bekomme, dann nehme ich danach eine Notfallpille. Aber ich will ein Glas von diesem Wein trinken.

Ja ich weiß, ich bin ein bisschen spinnig, aber so bin ich eben

Mein Trauerevent managen

Rückblick aus dem Tagebuch

Meine Beerdigung planen

Wir hatten einen Bestatter bei uns. Mir ist wichtig, die Zusammenhänge mit Friedhof und Trauerfeier zu klären. Ich möchte meine Lieben einladen, eine stille Feier ohne großes Programm zu halten. Sie sollen selbst entscheiden, was sie dabei machen. Ob einfach in aller Stille Abschied nehmen, Lieder singen oder einfach dankbare Sätze sagen.

Die eigentliche Feier müsste in unserem Dienstort stattfinden, wo wir 95 % aller Kontakte haben. Die Freunde aus unserer Kirch-Gemeinde könnten dabei sein, meine Dienstfreunde, die Nachbarn.

Mein Lebensende ist mir so nahe, dass ich Günther gebeten habe, mit mir in den Kleiderschrank zu schauen. „Welches Kleid soll ich im Sarg tragen?“. Er meinte: „Das grüne mit dem Weiß, darin hast du immer frisch und fröhlich ausgesehen und dazu eine Bluse.“ „Aber mit langen Armen“, sage ich, „damit man meine eingefallenen Arme nicht sieht. Und dann nimm ein paar weiße Socken. Wir hängen das alles im Kleiderschrank zurecht.“

Meine Freundin möchte ich fragen, ob sie mein Sargkissen und Bettzeug näht. Ich mag keine

Seide, will mir nicht vorstellen, wie ich darin aufgebettet bin. Ich hatte den Bestatter gefragt, ob man sein eigenes Bettzeug mitbringen darf. Es sei nicht vorgeschrieben, welche Decke dort hineinkommt. Also werde ich meine Freundin, die Schneiderin ist, bitten, das für mich zurechtzumachen. Und ich möchte ein Herz in der Hand haben, das kleine Holzherz, das nehme ich mit.

Günther war bei dem Bestatter und hat den Andachtsraum im Bestattungshaus fotografiert. Das ist ein schöner Raum, da kann mein Sarg in der Mitte stehen, meine Lieben können drum herumsitzen und still Abschied nehmen.

Ich weiß, auch das können viele nicht verstehen, aber ich habe meine eigene Beerdigung geplant, damit alles so wird, wie ich mir das wünsche. Ich wollte einfach nicht diese Standarddinge.
Ich glaube das Extremste daran ist, dass ich die Ausstattung des Sarges selbst genäht habe mit einer Freundin zusammen. Ich habe den Stoff dafür schon lange im Schrank gehabt und immer aufbewahrt, weil ich gedacht habe, dass ich nie in so einem komischen Seidenzeug beerdigt werden will. Ich kann das nicht haben und wollte ich mir das selbst machen. Deshalb habe ich ein paar Leinenstücke, die ich von meiner Oma und meiner Tante geschenkt bekommen habe, zusammen mit Leinentüchern genutzt, um die Ausstattung zu nähen. Die Leinentücher wurden früher unter Steppdecken genäht, die waren dann oben schön

bestickt und das Leinentuch wurde darüber geschlagen, früher hatte man ja keine Bettbezüge. Heute gibt es diese Leinentücher so gut wie gar nicht mehr. Ich weiß auch nicht, warum ich die aufbewahrt habe. Für mich ergibt es so aber Sinn.

Ich war richtig traurig, weil ich die letzten Näharbeiten an der Decke nicht mehr allein geschafft habe, weil ich da schon bettlägerig geworden war. Aber dann habe ich meine Freundin gefragt. Die hat mich erst für verrückt erklärt, aber es dann doch gemacht. Allerdings nur in meiner Nähe. Jetzt ist sie fertig und liegt auf meinem Schrank, zusammen mit den Sachen, die ich tragen möchte. Das haben Günther und ich zusammen ausgesucht – wobei ich habe es eigentlich ihm überlassen, er sollte etwas aussuchen, was ihm am besten an mir gefallen hat. Und ja, ich weiß, dass viele das nicht nachvollziehen können, aber es ist mein Wille, mein Trauerevent aktiv zu gestalten, auch aktiv Abschied zu nehmen.

Am Anfang konnte Günther damit nicht so gut umgehen. Aber ich habe ihm immer erklärt, dass das auch Vorteile für ihn hat. So ist alles geordnet für ihn hinterher und er hat weniger Arbeit und Last damit. Jetzt mache ich das alles und ich mache es gern, es ist total mein Ding, solche Sachen zu planen, auch Events zu planen. Das habe ich in der Gemeindearbeit liebend gern gemacht. Warum soll ich also nicht auch mein letztes Event planen? Das ist doch mein Event – ich bin dann zwar schon nicht mehr da, aber das kann ich ja schon mal vorplanen. Ob das dann alles wirklich zu 100 % so wird, das kann ich nicht mehr beeinflussen, aber bis dahin daran zu arbeiten, macht mir auch Freude.

Meine Beerdigung wird im engsten Familienkreis ablaufen, nur ganz enge Freunde von uns dürfen da noch dabei sein, aber ansonsten soll die Familie unter sich sein. Beerdigt werde ich auch hier an unserem neuen Wohnort. Wir haben Jahrzehnte in Hagen gelebt und unser Wirkungsbereich war dort, aber ich kann diese Menschen unmöglich hier zu einer Beerdigung einladen, das geht nicht. Gleichzeitig möchte ich eine Beerdigung, die etwas anders ist. Ich möchte nicht, dass alle in so einer blöden Friedhofskapelle sitzen. Wenn man schon in diese Hallen kommt, wird einem doch ganz anders! Stattdessen habe ich das jetzt in einem Haus von einem Bestatter geplant. Es wird auch niemand eine Ansprache halten, sondern ich wünsche mir, dass die, die kommen, sich etwas überlegen von mir, was sie an mir geschätzt haben oder was sie wichtig fanden. Es werden zwei bis drei Musikstücke laufen – aber ansonsten wird das eine ganz andere Beerdigung. Dann werde ich zum Grab getragen werden. Dafür möchte ich keine Sargträger, ich möchte, dass das meine Familie macht und dass sie sich hinterher zusammensetzen und Gemeinschaft haben, vielleicht auch fröhliche Gemeinschaft haben, soweit das geht.
In der Woche darauf am Samstag – das kommt ein wenig auf den Termin an – wird es eine Gedenkfeier in Hagen geben. Dafür brauchen wir einen größeren Raum, denn da werden sehr viele Menschen kommen. Da haben wir 40 Jahre gewirkt und deshalb auch die meisten Kontakte. Ich möchte, dass meine Familie an der Beerdigung ganz in Ruhe Abschied von mir nehmen kann und keinen Stress damit hat, dass Menschen um sie herum sind, die Beileid bekunden wollen oder andere Fragen an sie haben. Das

fand ich persönlich immer schrecklich auf Beerdigungen, dass man keine eigene Zeit hatte, um mit der Situation umzugehen, dass die eigene Mutter oder der eigene Vater tot ist. Häufig hat man da kaum Raum zum Abschiednehmen, weil man sich um andere kümmern muss, einem kondoliert wird – und die Gelegenheit dazu soll es natürlich geben, ich kritisiere das nicht grundsätzlich. Nur möchte ich den Stress unter diesen Umständen meiner Familie nicht zumuten. Ich habe das selbst leider zu oft erlebt.
Die Gedenkfeier in Hagen habe ich recht zügig nach der Diagnose geplant. Da lag ich noch im Krankenbett und habe alles schon in den Computer geschrieben, wie ich es gerne hätte. Ich habe mit dem ein oder anderen darüber gesprochen. Ich hätte gern, dass es eine Ansprache gibt, also eine kleine kurze Predigt, etwa eine Viertelstunde. Denn auch lange Predigten finde ich schrecklich, da kann man sich überhaupt nichts merken. Also 10-15 Minuten höchstens, habe ich Günther gesagt. Außerdem habe ich ihm gesagt, worüber er reden soll und habe ihm ein Konzept geschickt mit den Worten: „Du kannst ja mal gucken, was dir davon gefällt." Darin finden sich ein paar Geschichten zu meinem Bibelvers: „Fürchte dich nicht, ich bin mit dir. Weiche nicht, ich bin dein Gott. Ich stärke dich, ich halte dich durch die rechte Hand meiner Gerechtigkeit"[3] der über meinem Leben steht, an dem ich mich mein Leben lang festgehalten hab.

[3] *Vgl. Jesaja 41:10.*

Rückblick aus dem Tagebuch

Segen der Technik

Mein Computer funktioniert wieder, da bin ich dankbar, das ist ja neben meinem Handy meine Kommunikationsplattform zur Außenwelt.
Oft klingelt das Handy, wenn WhatsApps ankommen. Das Smartphone ist ein gutes Instrument, um Videochats zu machen, da bleiben Menschen dicht dran und erfahren, wie es mir geht. Telefon habe ich nicht so gerne, mit Smartphone kann ich Bilder senden, ja sogar Bestellungen machen. Das ist ein Segen für mich, diese Technik. Ich selbst kann ja nicht mehr nach draußen.

Ich habe mich heute herzlich gefreut, dass die Clematis auf unserer Veranda aufgegangen ist. Ich poste Bilder, denn diese Blumen blühen für mich. Mit meiner Mutter habe ich mich in der Kindheit so sehr an solchen Blumen und auch am „Tränenden Herzen“ gefreut.

Heute hat Ben eine Medikations-App auf seinem iPad eingerichtet. Wie gut auch hier die Technik in solchen Lagen hilft. Jedes Mal, wenn ein Medikament einzunehmen ist, gibt das iPad ein Signal und erinnert sogar noch einmal, falls man es vergisst.

Die nächsten Tage werden sehr heiß. Ben bringt ein Klimagerät, das kühlt doch runter, ein echter Segen für die ganze Woche der Hitze. Die Schmerzpumpeneinstellung wurde heute noch einmal gewechselt, sodass ich ohne Schmerzen sein kann. Gut, dass es das alles gibt.

Ich habe geplant, was es zu Essen gibt, ich habe Tischdecken ausgesucht und weil mir wichtig ist, dass jeder von der Feier etwas von mir mitnimmt, habe ich für alle, die kommen, ein Giveaway angefertigt. Es ist eine kleine Geschichte, die meine Einstellung widerspiegelt und die ich den Menschen, die mich kannten, als Andenken an mich schenken möchte.

Nun ja, aber nicht viele können gut damit umgehen, dass ich mich darum kümmere. Gerade dann, wenn ich etwas nicht alleine lösen kann und Hilfe brauche, treffe ich auf Menschen, die nicht bereit sind, sich dem Thema jetzt schon zu widmen. Ich bin vielen auf die Füße getreten und das tut mir auch leid. Ich habe zum Beispiel meinen Sohn gebeten, mal mit seinem Notebook vorbeizukommen, damit wir meine Todesanzeige gestalten können. Ich hatte den Satz nicht mal zu Ende gesagt, da kam mir ein: „Hast du noch alle Latten am Zaun?“, entgegen. Er war richtig sauer auf mich in diesem Moment. Später hat er mich dann darum gebeten, Günther meine Wünsche dahingehend zu sagen, damit sie das machen können, wenn es soweit ist. Aber ja, das war wohl ein Schritt zu weit von mir. Günther vermittelt da auch oft, wenn er sagt: „Pass auf Esther, das ist jetzt dein Weg, aber du musst auch akzeptieren, dass

andere das jetzt noch nicht können." Jeder hat seinen eigenen Prozess bei diesem Thema und das gestehe ich auch allen zu, aber das musste ich auch erst lernen. Ich hätte zwar schon gerne, dass Ben mir meine Todesanzeige macht, damit ich sie selbst gesehen habe, aber wenn er das nicht kann, ist das in Ordnung für mich.
Nachdem die Gedenkfeier in Hagen stattgefunden hat, wird es noch eine kleine Feier hier in unserem neuen Umfeld geben für unsere Nachbarn. Wir wurden hier so herzlich aufgenommen und in der wenigen Zeit konnte ich sie gut kennenlernen, sie kommen auch immer und fragen nach mir, ich kann mit ihnen sprechen und sie sind für mich da. Aber auch ihnen kann ich nicht zumuten, dass sie nach Hagen fahren, um sich von mir zu verabschieden. Das war etwas schwierig für mich, dafür eine Lösung zu finden, weil zur Beerdigung konnte ich sie aufgrund meiner Grundsätze auch nicht einladen. Mit dieser kleinen „Nachfeier" haben wir das, glaube ich, gut in den Griff bekommen. Die Organisation davon überlasse ich aber Ben und Günther. Da wird es einfach darum gehen, dass sie kommen und bei Kaffee und Kuchen miteinander reden können, vielleicht haben sie Fragen oder was auf dem Herzen oder wollen darüber sprechen, was sie aus der Erfahrung mit mir mitgenommen haben. Diese Möglichkeit möchte ich ihnen in einem guten Rahmen geben.
Es ist wichtig für mich, meine Fürsorge für andere Menschen auch weiterhin leben zu können. Deshalb ziehe ich mich nicht zurück, sondern nehme in die Hand, was ich jetzt regeln kann. Es ist doch schlimm, wenn jemand plötzlich verstirbt und die Hinterbliebenen müssen entscheiden, wie die Beerdigung stattfindet. Zu oft wird eben nicht dar-

über gesprochen, was sich jemand für den eigenen Abgang wünscht und das kann eine große Last für diejenigen sein, die das dann entscheiden müssen.

Gefällt dir etwas bei mir?

Die besten Stücke

Ben und ich sind uns sehr ähnlich. Wer Ben kennt, kennt irgendwie mich und wer mich kennt, kennt irgendwie Ben. Wir können extrem sein – und das hier ist eine extreme Situation. Die Ärzte gaben mir damals ein Jahr, dieses Jahr wollte ich für mich strukturiert wissen, wie fange ich jetzt etwas Sinnvolles mit dieser Zeit an, die mir noch bleibt? Wie gehe ich mit dieser Sache „Sterben“ um? Günther und ich haben immer wieder darüber gesprochen, haben uns mit anderen zusammengesetzt, haben darüber gesprochen, dass ich keine Chemo mache und wie wir das alles handhaben. Als es mir ab Januar schlechter ging, habe ich angefangen, die Sachen, die Günther nicht behalten möchte, an Menschen zu verschenken, die diese gerne haben. Meine schönsten Stücke sozusagen wegzugeben. Bei manchen wusste ich sehr genau, was ich ihnen geben möchte, andere habe ich gefragt: „Gefällt dir irgendetwas bei mir?“. Daraufhin habe ich eine Liste angefertigt von schönsten Stücken, die ich jetzt noch gern um mich haben möchte, aber wo ich weiß, die werden die Menschen bekommen, wenn ich gegangen bin. Manche Sachen habe ich aber auch schon verschenkt, gerade die, wo ich weiß, dass ich die jetzt nicht mehr benutze, weil ich sie gar nicht benutzen kann. Ich besitze beispielsweise sehr viel Schmuck, ich kann aber gar nichts mehr tragen. Schmuck zu verschenken ist mir deshalb auch nicht schwergefallen. Zusammen mit Günther habe ich den Schmuck aussortiert. Manches behält er für sich, anderes hebt er für die Familie auf, aber alles andere habe ich versucht, zu verschenken – ich habe es auch schon fast geschafft.

Auch vor meinem Kleiderschrank habe ich nicht Halt gemacht, darin sind nur noch die T-Shirts, die ich täglich anziehe. Ich hatte Freundinnen und Bekannte hier, die eine ähnliche Statur haben. Und wie ich eben bin, habe ich sie gefragt: „Guck mal in meinen Kleiderschrank, möchtest du davon was haben? Nimm‘s dir mit, sonst kommt‘s weg nach Russland oder Rumänien“, damit es weiterhin gebraucht wird. Meine Schwiegermutter wird noch einmal kommen, für sie habe ich extra eine Ecke zurechtgemacht, weil ich weiß, was sie gerne hat. Das kann sie sich anschauen und nehmen, was sie mag. Ansonsten ist der Schrank leer und alles weggeräumt.

Rückblick aus dem Tagebuch

Ich räume meinen Kleiderschrank aus

Meine Freundin bitte ich, mit mir auszuräumen. Ich frage sie, wie es ihr dabei geht: Sie sieht das entspannt: „Ich helfe dir dabei. Das ist für mich noch nicht das Ende, der Abschied, dafür bist du noch zu fit. Also sehe es als Freundinnendienst.“

Jedes Teil, das sie rausnimmt, werde ich nicht mehr anziehen. Sachlich, rational, das ist meine Art des Abschiedes. Ich will meinem Mann nicht den ganzen Prass hinterlassen. Das ist ein Stück meiner Liebe, die ich ihm zeigen kann. Damit er nicht zu viel Arbeit hat.

Wenn man Dinge weggibt, lässt man sie los. Jedes Stück, das ich weggebe, hilft mir beim Loslassen. Meine liebsten Stücke möchte ich bei meinen Liebsten und besten Freun-

den wissen. Ich möchte, dass sie weiterhin einen Wert haben. Vieles hat mir auch etwas bedeutet. Jetzt freue ich mich darüber, dass es weiterhin geschätzt wird und nicht im Müll landet.
Ich habe gar nicht so viele Sachen, es gibt auch kein Esther-Testament. Hinterher gehört alles erstmal Günther und wenn er irgendwann nicht mehr ist, bin ich mir sicher, dass mein Sohn vertrauensvoll damit umgeht. Günther und ich haben vor Jahren ein gemeinsames Testament aufgesetzt, worin steht, dass unser Sohn alles bekommt. Günther ist häufig unterwegs, wer weiß, was da mal passiert. Deshalb haben wir uns damit schon früh auseinandergesetzt. Aber wir haben auch nicht viel, wie gesagt. Wir haben kein Haus oder großen Besitz, den wir vererben könnten. Pfarrer und Pastoren besitzen meist selbst wenig, auch weil sie in Bewegung sind, alle zehn Jahre steht ein Umzug an und eine andere Stelle, wir haben da nie an einen Hausbau gedacht. Es hätte ja sein können, dass Günther in eine andere Ecke Deutschlands versetzt wird oder eine andere Stelle annimmt.
Ich habe aber auch nie groß an irgendwas gehangen. Ich hätte von heute auf morgen in eine andere Wohnung mit anderen Möbeln ziehen können, das wäre mir schnurzegal gewesen. Nur die wenigen Sachen, die ich habe, habe ich eben. Beispielsweise habe ich gerne gestickt und gestrickt. Aufgrund dessen habe ich schönes Stick- und Strickzeug. Warum soll ich das nicht jemandem schenken, von dem ich weiß, der macht das gerne? Diese Sachen haben einen Wert und sind zu schade für die Tonne.
Es sind also alles Stücke, mit denen ich auch etwas zu tun hatte. Meine Nähmaschine wird Günther für eine Enkelin

aufbewahren. Sie ist handwerklich veranlagt und kann sie haben, wenn sie sie später gern möchte. Aber ich habe auch Deko verschenkt. Günther hat da sowieso weniger Interesse dran. Ich habe mit ihm abgesprochen, was er behalten möchte und was ich weggeben kann.
Ein anderer Gedanke dabei ist, dass mein Besitz ein Andenken ist. Wer meine besten Stücke bekommt und auch nutzt, der denkt vielleicht auch mal an mich und ich bleibe dadurch irgendwie dabei.

Gott ist kein Automat

Haltung und Spiritualität

Ich pflege eine lebendige und tiefe Beziehung mit Jesus, ich spreche jeden Tag mit ihm und er gibt mir auch Antworten, indem er mir auf meine Bitte: „Herr Jesus, bitte gib‘ mir doch heute ein Zeichen, dass du da bist für mich“, durch einen Menschen meinen Lebensbibelvers schickt. Der lautet: „Fürchte dich nicht, ich bin mit dir. Weiche nicht, ich bin dein Gott. Ich stärke dich, ich halte dich durch die rechte Hand meiner Gerechtigkeit“[4]. Ihn hat mir Gott, als ich zehn Jahre alt war, durch eine ältere Frau gegeben. Ich bin nicht in der Landeskirche groß geworden, so hatte ich keine Konfirmation oder ähnliches, das gab es bei uns nicht. Ich hatte auch keine Paten. Aber diese alte Dame hat mich damals so in ihr Herz geschlossen, dass sie zu mir sagte: „Ich bin deine Patentante, ich bete für dich. Ich wohne zwar in Stuttgart, aber ich bete jeden Tag für dich solange ich lebe, das verspreche ich dir.“ Und das hat sie auch gemacht. An meinem 10. Geburtstag hat sie mir ein Bild geschenkt, das sie selbst gemalt hatte. Darauf waren eine sehr schöne Blume und dieser Bibelvers. Sie sagte: „Dieser Bibelvers wird dich dein Leben lang begleiten“, und sie hatte recht, das hat er. Wenn ich in schwierige Situationen kam, in denen ich nicht mehr weiterwusste, brachte mir jemand oder etwas diesen Vers in mein Leben. Ob es eine Karte einer Freundin war, ein Anruf, ein Satz in einem Buch. Anfangs habe ich mich gefragt, wie das geht. Irgendwann habe ich Jesus selbstbewusst befragt: „Welchen Weg soll ich denn jetzt gehen? Rechts oder links? Ich weiß nicht, wie ich mich entscheiden soll.“ Der Vers hat mir stets den richtigen Weg gewiesen, dafür war und bin ich dankbar.

[4]*Vgl. Jesaja 41:10.*

Es ist verrückt, es funktioniert jedes Mal und dann weiß ich, dass Jesus für mich da ist. Es ist für mich eine lebendige Hoffnung, dass ich weiß, ich brauche nichts tun und nichts leisten bei Jesus, ich brauche ihn nur lieben und da zu sein. Er hat gesagt: „Ich werde alles durch dich tun“, und ich spüre das jetzt so. Ich kann gerade gar nichts mehr tun und trotzdem kommen die Menschen her, sie erzählen mir ihre Geschichten und indem ich zuhöre und ihnen antworte, kann ich eine Hilfe für sie sein. Ob sie meine Ratschläge übernehmen, ist ganz allein ihnen überlassen, aber an meinem Beispiel können sie erkennen, dass es eine lebendige Beziehung zu Jesus gibt.
Das beste Beispiel ist diese Wohnung, in der wir jetzt wohnen. In meinen täglichen Gesprächen mit Jesus habe ich ihm gesagt, dass ich fünf Sachen brauche, wenn ich eine Wohnung anmieten soll.

- **Begehbar**

Es muss eine Wohnung sein, die begehbar ist, also die wenige Stufen oder gar keine Treppe hat, die ich überwinden muss, um in die Wohnung zu kommen.

- **Zugang nach Draußen**

Es sollte einen Zugang zu einem Garten, einer Terrasse oder einem großen Balkon geben. Der Zugang muss ebenerdig sein, damit ich auch raus kann. Ich bin ein Draußen-Mensch und ich wusste, ich werde im Rollstuhl landen. Deshalb habe ich mir eine Wohnung gewünscht, die mir das Nach-draußen-kommen nicht erschwert.

• **Kein Teppichboden**

Es darf keinen Teppichboden geben. Wenn man Menschen pflegt und diese bettlägerig werden, werden Teppiche immer unpraktischer.

• **Einbauküche**

Da wir unsere Küche aus Hagen nicht mehr hätten transportieren können (zu alt) und wir keine neue anschaffen wollten, weil unklar ist, ob Günther allein in dieser Wohnung bleiben wird, war die vierte Bedingung eine Einbauküche.

• **Bidet**

Das war ein ganz verrückter Wunsch von mir, ein Lebenstraum sozusagen. Einmal in meinem Leben ein Bad haben, das ein Bidet hat.

Und was ist? Wir kommen in diese Wohnung hier und alles ist erfüllt – selbst das Bidet im Bad! Das ist doch Wahnsinn! Wenn mir dann einer sagt: „Gott hilft mir nicht", na, dann weiß ich es auch nicht. Gott ist kein Automat, er gibt mir nicht alles, aber er zeigt sich mir immer in diesen kleinen Zeichen und ich merke dadurch, wie wertvoll ich für ihn bin und dass ich gar nichts leisten muss dafür. Das gibt meinem Leben so viel Sinn und so ein Getragen- und Gehaltensein, das ich gegen nichts anderes eintauschen will.

Rückblick aus dem Tagebuch

Der letzte Umzug in der Wohnung

Dann doch noch der Umzug: Am späten Nachmittag komme ich wieder an meinen Platz, wo mein Sessel stand, jetzt in ein Pflegebett, buchefarben, verstellbar, so dass ich wieder den Blick zum Himmel habe. Das tut mir gut, auch, dass Ben mit seiner Frau Alex da sind. Zum ersten Mal Wundverband im Wohnzimmer.

Wie wird wohl die erste Nacht hier in diesem großen Raum?

**Gott ist da. Der Hüter und Hirte mit Stecken und Stab. Das Wort hatte mein Bruder mitgebracht, weil der Stecken und der Stab die Gegenwart des Hirten zeigt. Mir kommt gerade der Gedanke, wie oft ich wohl umgezogen bin. Siebenmal mit meinen Eltern in meiner Kindheit und Jugend. Neunmal mit Günther in 41 Ehejahren, das sind 16 Umzüge …
das 17. Mal kann die Reise in den Himmel sein.**

Ich bin in einem ähnlichen Elternhaus groß geworden wie unser Sohn. Mein Vater war Pastor, mein Großvater ebenfalls. Das war schon wie eine Tradition in unserer Familie. Dann habe ich selbst auch noch einen Pastor geheiratet und so ging die Tradition weiter. Ich würde aber eher sagen, es

war Zufall, dass Günther in diese Richtung gegangen ist und wir uns auf diesem Weg kennengelernt haben.
Unseren Sohn haben wir davor gewarnt: „Werde ja kein Pastor, überlege dir das fünfmal." Wir wollten nicht, dass er denkt, wir würden das von ihm erwarten. Meinen Eltern war es ebenfalls wichtig, dass wir drei Geschwister unseren eigenen Weg gehen und sie haben mir weder Steine in den Weg gelegt noch versucht, mich in eine bestimmte Richtung zu drängen. Ich hatte aber schon als Kind die Gewissheit in mir, dass es einen Gott gibt, das wusste ich. Meine Eltern haben mir das auch sehr prägend vorgelebt. Meine intensive Beziehung zu Jesus ist über die Jahre gewachsen, das war nichts, was von jetzt auf gleich da war. Aber irgendwann war für mich klar, dass ich mein Leben gern Gott geben und für ihn da sein möchte. Das war mir schon als Kind sehr wichtig und ich habe einen sehr starken Willen. Selbst als Kind war es schon so, dass wenn ich mich für etwas entschieden habe, diese Entscheidung in mir fest wurde und nicht mehr davon abzurücken bin. Deshalb fällt mir keine Situation ein, in der ich mal Zweifel daran gehabt hätte.
Günther hat erst viel später in seinem Leben zu Gott gefunden, was daran liegen kann, dass er anders aufgewachsen ist als ich. Mein Werdegang ist also absolut kein Maßstab. Aber es war schön für mich in einem christlich geprägten Haushalt groß zu werden, so hatte ich schon früh die Möglichkeit tolle Menschen kennenzulernen, die im Dienste Gottes standen. Beispielsweise hatte ich als Siebenjährige eine Begegnung mit einem Ehepaar, die nach Papua-Neuguinea gegangen waren, um ihren Glauben dort zu bezeugen. Allerdings waren ihre Kinder 3000 Kilometer von

ihnen entfernt untergebracht, damit die beiden Eheleute ihren Dienst tun konnten. Das hat mich damals sehr beschäftigt und auch betroffen gemacht. Wie schlimm musste das für diese Kinder sein, so weit von ihren Eltern entfernt zu leben. Bei diesen Gedanken habe ich eine Entscheidung getroffen: Ich werde Lehrerin für solche Kinder, die weit entfernt von ihren Eltern im Internat leben. Mein Fürsorgewille für die Kinder dieser einen Familie war so immens, dass ich gar nicht darüber nachgedacht habe, wie utopisch dieser Gedanke war. Schließlich verbrachte die Familie in diesem Moment ihre Zeit dort und wenn ich soweit sein würde, wäre die Situation für die Kinder ja bereits überstanden. Aber für mich war das irgendwie ein ganz prägender Entschluss. Einmal gefasst, bin ich auf dieses Ziel zugelaufen. In der Schule habe mich daran orientiert und habe passende Ausbildungen gemacht, denn ich wusste, dass ich eine theologische Ausbildung benötige, wenn ich dorthin gehe. Ich musste mich dann entscheiden, ob ich erst studiere oder erst die theologische Ausbildung mache. Ich habe mich damals für die Ausbildung entschieden, um erst meine theologische Festigkeit zu erhalten. Nachdem ich mich entschieden hatte, bekam ich die Nachricht, dass ich nicht tropentauglich bin. Ich hatte zu der Zeit starke Nierenprobleme, die relativ plötzlich auftauchten, ich hatte vorher nie etwas mit den Nieren gehabt und habe stets genug Wasser getrunken. Trotzdem waren die Nieren so angeschlagen, dass ich nicht in die Tropen, also nicht nach Papua-Neuguinea konnte.

Was macht man da mit der eigenen Entscheidung, die mich zu diesem Zeitpunkt zehn Jahre angetrieben hatte? Hatte ich mich falsch entschieden? Hatte Gott mich auf eine falsche Fährte geleitet? Oder war das trotzdem ein guter Weg? Hätte ich mir das Ganze schenken können? Ich war mir sicher, dass es dafür einen Sinn gab und den wollte ich auch erfahren. Gott hat mir in dieser Zeit gezeigt, dass ich ganz ruhig sein soll, weil dieser Weg trotzdem der richtige für mich gewesen war, denn er hatte mich zu diesen Lebensumständen geführt, in denen ich jetzt war. Das ist damals entscheidend für mich gewesen.

Innerhalb meiner theologischen Ausbildung habe ich meinen Mann kennengelernt. Das wäre auf einem anderen Weg nie passiert. Und selbst unsere Partnerschaft war eine Entscheidung, die ich vor Gott getroffen habe. Als wir zusammengekommen sind, waren wir nämlich nicht verliebt – das was eigentlich die logische Voraussetzung einer Beziehung ist, war bei uns gar nicht gegeben. Und erst recht würde man ja niemanden heiraten, in den man nicht verliebt ist, oder? Das Ganze kam folgendermaßen: Die Schule, die wir besuchten, war sehr streng. In den drei Jahren, die die Ausbildung dauerte, durften die Schülerinnen und Schüler sich nicht binden, weil die ganze Aufmerksamkeit der Ausbildung zukommen sollte. Jetzt war es so, dass Günther im vorletzten Semester, also fast fertig war. Gleichzeitig drängte sich ihm der Gedanke auf, dass er und ich zusammen unseren Lebensweg gehen sollten. Auch er war damals nicht in mich verliebt. Trotzdem ließ ihn dieser Gedanke einfach nicht los, sodass er zum Schulleiter gehen musste. Dummerweise war der Schulleiter mein Vater.

Mit zitternden Knien saß er vor ihm und sagte also: „ich muss Ihnen was sagen, es geht um Ihre Tochter." „Was ist mit meiner Tochter?", ich war ja gerade erst 18. Und doch

hat Günther meinem Vater damals gesagt, dass er das tiefe Gefühl habe, dass er und ich zusammen sein müssten, um für Gott da zu sein. Danach stand mein Vater auf und sagte: „OK, in drei Tagen könnt ihr miteinander reden. In diesen drei Tagen kannst du dir das nochmal überlegen. Wenn ihr gesprochen und das geklärt habt, dann ist in einem halben Jahr die Verlobung und ein halbes Jahr später die Hochzeit." So war mein Vater.
Er erzählte mir dann davon und ich dachte nur: „Was? Ausgerechnet der? Im Leben nicht". Günther war sehr still und schüchtern und das war gar nicht so meins. Deshalb habe ich abends zu Gott gebetet: „Herr, wenn du möchtest, dass ich diesen Mann heirate, wenn das wirklich dein Wille ist und das für mich im Leben gut ist, dann zeig es mir, indem dieser Mann nicht von Liebe spricht, wenn er mich fragt." Ich war mir sicher, dass niemand mich fragt, ob ich ihn heiraten will, ohne zu sagen, dass der mich liebt.
Drei Tage später, es war Sonntag, sind wir mittags spazieren gegangen. Wir sind bestimmt 20 Minuten nebeneinander hergelaufen und keiner hat nur ein Wort gesagt, keiner von uns wusste, wo er anfangen sollte. Auf einmal drehte Günther sich zu mir um und sagte: „Ich weiß von Gott, dass wir miteinander gut arbeiten können", und ging. Da stand ich aber ziemlich belämmert da, denn ich hatte ja Gott versprochen, ich heirate ihn, wenn er nicht von Liebe spricht. Mir ist dann echt ein bisschen mulmig geworden. Ich bin hinter ihm her zurück getrottet und war echt fassungslos. Günther war damals ein ganz lieber, ruhiger und schüchterner junger Mann, man kann sich das gar nicht vorstellen, mit welcher Sicherheit er mir das gesagt hatte. Er hat nicht mal darauf gewartet, ob ich ja sage. Als wir

zurück waren, sagte er meinem Vater, dass wir das geklärt haben. Mein Vater sagte uns dann den Termin unserer Verlobung und ich wurde immer kleiner in meinem Stuhl und ein bisschen schwarz vor Augen wurde mir auch. Aber ich hatte es Gott versprochen und Versprechen waren mir schon immer sehr wichtig, auch weil meine Eltern mir immer wieder gesagt haben, dass ein Versprechen eine heilige Sache ist, die man nicht einfach zurücknehmen kann. So habe ich das gelernt und verinnerlicht, also habe ich das durchgezogen. Und nachdem wir uns verlobt hatten, ist in uns so eine Liebe zueinander gewachsen, sodass wir uns, als wir geheiratet haben, wirklich liebten. Interessanterweise verschwanden meine Nierenprobleme so plötzlich wie sie gekommen waren, nachdem ich mich dazu entschieden hatte, Günther zu heiraten.

Da soll mir mal einer sagen, es gäbe Gott nicht. Das sind alles Fügungen in meinem Leben, die mich an seiner Existenz nie haben zweifeln lassen. Und ich weiß, das ist meine Geschichte, die ist nicht zum Nachmachen und die kann nicht allen Menschen so passieren. Aber wer auf Gott vertraut, dem kann ähnlich Gutes widerfahren.

Gott spricht nicht direkt zu einem und sagt: „So jetzt geh rechts, jetzt geh links." Deshalb erfordern große Entscheidungen trotzdem, dass man sich alles lange und gut überlegen muss. Es gibt immer wieder Situationen, in denen man nicht weiß, ob man auf dem richtigen Weg unterwegs ist, die gab es auch in meinem Leben. Nachdem wir beide unsere Ausbildung beendet hatten, arbeiteten Günther und ich zusammen 20 Jahre in der Fachschule, die mein Vater vor 50 Jahren gegründet hatte. Günther war Studienleiter und ich Hauswirtschaftsmeisterin.

Doch nach 20 Jahren entschieden wir uns dazu, dass Günther Pastor einer Gemeinde 20 Kilometer entfernt werden würde. Es war sehr schwer diese Arbeitsstelle zu verlassen, weil meine komplette Familie dort gearbeitet hat. Meine Eltern als Gründer, meine Brüder mit ihren Frauen und Familien und wir. Ich habe damals nicht nur mein Arbeitsumfeld, sondern ein Stück weit auch mein Familienumfeld verlassen. Dieser Schritt war damals schon existentiell.
Da habe ich mich sehr lange gefragt, ob wir das machen sollen und habe in diesem Entscheidungsprozess viel geweint. Ich habe Gott immer wieder darum gebeten, sich zu zeigen – aber er zeigte sich nicht. Es war ganz still. Da kam ich schon an meine eigenen Grenzen.
Mit der Zeit habe ich aber verstanden, dass ich nicht nur das Gebet von Gott geschenkt bekommen habe, sondern auch meinen Verstand, den ich einsetzen darf. Der Mensch neigt zu einfachen Wegen und es wäre ja toll, wenn Gott vom Himmel aus einfach sagen würde: „Mach dies, mach das." Aber im Gehen, im Entscheidungen treffen, ist es dann oft so gewesen, dass ich gemerkt habe, ich bin richtig. Manchmal hat Gott mir das hinterher bestätigt. Und manchmal habe ich nach einer Entscheidung gemerkt, dass es nicht richtig war und ich lieber zurückrudern sollte.
Ich habe mich in dieser Zeit daran festgehalten, dass Gott mir versprochen hat, dass ich im Leben stets Grenzerweiterung bekommen werde, keine Einengung. Mit jedem Schritt, den ich gehe, weiß ich, dass Gott meine Grenzen erweitert. Er beengt mich nicht, ich bin keine Marionette für ihn.

Sei doch einfach nur hinterher noch da

Besuche und sozialer Kontakt nach außen

Ich finde es toll, dass mich Menschen besuchen. Mitunter müssen sich diese Besucher selbst überwinden. Schließlich besucht man jemanden, der Lymphdrüsenkrebs hat und sterben wird, da haben viele Bauchschmerzen. „Meine Güte und jetzt liegt sie auch noch im Pflegebett und hat einen Katheter, da weiß ich gar nicht, was ich sagen soll, ich glaub, ich geh da gar nicht hin." Unter meiner Decke ist eine Wunde, die 25 mal 5 Zentimeter breit ist, an der tiefsten Stelle ist sie 7 Zentimeter tief. Die Bilder, die Menschen von diesem Wissen bereits im Kopf haben, spielen ihr eigenes Spiel, das mit meiner Realität eigentlich nichts zu tun hat. Das ist einfach nichts, womit sie jeden Tag konfrontiert sind, außer es gehört zum Beruf – und so ist es bei den wenigsten. Was alle wissen, ist dass sie jemanden besuchen, der sich aufs Sterben einstellt und der in naher Zukunft sterben wird – nicht erst in zwei Jahren. Das erzeugt eine enorme Hemmschwelle und eine Unsicherheit, damit umzugehen, auch weil es gesellschaftlich nicht mehr normal ist, sich damit zu beschäftigen, geschweige denn, damit konfrontiert zu sein.
Früher hat man den Alltag eines Sterbenden aufgrund dessen, dass dieser Mensch in der Familie blieb, ganz anders erlebt. Man hat jeden Tag mitbekommen, dass sie Schmerzen haben, ob sie einen guten Tag hatten, alles. Man war leiderprobt zu dieser Zeit, heute ist man leid-unerfahren und darum auch völlig unsicher. Wie begegnet man einem Menschen, der in einer solchen Situation steckt?
Ich weiß, dass viele, die zu mir kommen, diese Sorgen haben. Günther versucht ihnen diese schon am Telefon zu nehmen. „Die Esther ist immer noch die fröhliche Esther, die sie immer war". Ich möchte, dass sie kommen oder

mich anrufen, um sich ein eigenes Bild zu machen. Sobald sich jemand überwindet und kommt, merken sie das auch sofort, wenn sie zur Tür hereinkommen. „Toll, dass ihr da seid! Kommt mal!“

Letzte Woche war ein Ehepaar zu Besuch, Ende 30. Als sie gingen sagte die Frau: „Weißt du, ich bin mit solchen Bauchschmerzen hergekommen, weil ich nicht wusste, wie ich damit umgehen soll, und jetzt gehe ich hier raus und bin ganz getröstet.“ Diese Worte waren herrlich für mich und es war schön für mich, dass ich ihnen die Angst nehmen konnte. Jetzt werden sie damit ganz anders umgehen. Auch deswegen sage ich immer: „Kommt alle her!“

Erst gestern war ein anderes Ehepaar zu Besuch, das bereits zum dritten Mal hier war. Die freuen sich, mich zu besuchen und das freut dann mich. Hier kann gern die ganze Bude voll sein und ist sie auch auf gewisse Weise. Es kommen im Monat ungefähr 30 Menschen zu Besuch, wir haben also quasi jeden Tag jemanden hier, manchmal sind es zwei an einem Tag, dann ist mal Pause.

Auch wenn mein Körper streikt, bin ich geistig und mental völlig da, das ist das Einzige, was noch übriggeblieben ist. Ich kann immer noch Frieden und Zufriedenheit verbreiten.

Auch die Schwestern vom Pflegedienst sind wie Besucherinnen für mich. Eine von ihnen, eine sehr liebe, hat beispielsweise dafür gesorgt, dass ich jetzt einen neuen Haarschnitt habe. Ich habe keinen Friseur gefunden, der auch Bettlägerigen die Haare schneidet. Ich wollte sie ganz kurz haben, denn es ist wirklich ätzend, wenn man liegt und lange Haare hat. Da ist man nur am Schwitzen und ich bin eh so ein Schwitzetyp und ja, ich weiß, meine Haare sind jetzt nicht gestylt oder nicht mehr so schön, aber das ist mir jetzt schnurz, ich wollte es praktisch haben. Jedenfalls habe ich überall herumgefragt und eine der Pflegedienstschwestern hat dann ihre Cousine gefragt, die sich bereit erklärt hat, mir die Haare zu schneiden. Sie ist keine professionelle Friseurin, aber sie hat das immer schon gemacht. Am letzten Tag vor ihrem Urlaub ist sie an ihrem freien Nachmittag mit ihrer Cousine zu mir gekommen. Sie hatte noch ein Becken von ihrem Dienst im Altenheim besorgt. Nachdem ihre Cousine fertig war, setzte sich die Pflegeschwester zu mir ans Bett und ich sagte: „Ich bin dir so dankbar, dass du das für mich gemacht hast, was kann ich dir denn Gutes tun?“ Sie schaute mir in die Augen und sagte dann: „Ach weißt du, ich bin jetzt drei Wochen weg, ich habe noch nie einen Menschen kennengelernt wie dich – du bist so wertvoll. Ich schätze es so, dich kennengelernt zu haben. Sei doch einfach nur hinterher noch da.“ Das hat mir fast das Herz gebrochen, so sehr hat mich das berührt.

Rückblick aus dem Tagebuch

Was ich zurückkriege, erschlägt mich förmlich

Die Wertschätzung für meinen Dienst, vor allem aber für mein Dasein, meine Art, mein Wesen, meine Persönlichkeit, ist manchmal zu viel für mich.

„Ich habe kaum einen fröhlicheren Menschen kennengelernt als dich.“
„Wie kannst du so getragen sein?“.

Ich kam mir nicht so vor. Ich dachte immer, ich habe ein Schattendasein geführt, ich war wie ein Mauerblümchen, wie ein Wurm. Ich hatte eine Entscheidung getroffen: „Ich will nicht so streng gucken, wie meine Mama. Das darf dir nicht passieren, die Leute sollen die Fröhlichkeit sehen".

Mein Pflegedienstteam nimmt sich auch so viel Zeit für mich. Meine Wunde erfordert, dass nur eine Krankenschwester diese versorgt, das darf keine Helferin machen. Jeden Abend muss jemand diese Wunde versorgen und eine von den Schwestern muss das übernehmen. Aber statt sich darum zu drücken, hat mir eine Schwester erzählt, dass sie sogar darum rangeln, wer abends zu mir fahren darf, weil sie immer so fröhlich sind, wenn sie bei mir waren. Ich merke das, und das tut mir gut.

Rückblick aus dem Tagebuch

Das geht gar nicht für eine Kranke

Was kann man als Kranker gebrauchen und was kann man als Kranker gar nicht gebrauchen? Wenn man im Pflegebett liegt, gewinnt man eine andere Perspektive. Ich merke, was mir in der liegenden Position guttut, was mich anstrengt, was mir nicht mehr gefällt.

Blumen mitbringen zum Besuch, das ist schon eine Freude, diese Farbenpracht, aber allzu

viele sind für meinen Mann eine zusätzliche Arbeit. Kleine Körbchen oder Topfpflanzen haben wir gerne auf den Balkon gestellt. Von meinem Bett aus konnte ich sie durch das große Fenster sehen. Manchmal hat mein Mann die Blumen umgestellt und mich gefragt: „Sieht heute etwas anders aus als sonst?". Das konnte ein nettes Spiel sein. Manchmal kamen Briefe. Kamen Briefe, handgeschrieben mit persönlichen Gedanken, mit echtem Nachfragen: Menschen, die sich Sorgen machen und Ermutigungen senden, das ist schön, da habe ich immer gefragt: „War schon Post da heute?".
Manche Briefe waren unpersönlich, einfach abgeschriebene „kluge" Sätze, die mir nichts sagten. Auch „fromme" Briefe können nichtssagend sein, wenn sie nicht aus dem Herzen und dem Leben der Person kommen.

Viele Freunde brachten Kuchen mit, das war hilfreich, da brauchte mein Mann sich keine Gedanken wegen Kaffeetrinken zu machen. Oft backten sie einen mehr, für besondere Besucher, wir haben die gerne mit unseren Enkelkindern genossen.

Die Zeit im Bett mit einer Krankheit, macht die Nase sensibel für Gerüche. In einem recht großen Raum, der direkt neben der Küche liegt, bekommt man viel mit. „Es riecht schon gut“, habe ich manchmal in die Küche gerufen oder: „Da brennt was an“, was aber nur eine Pfanne mit Bratkartoffeln war. Geruchsspray, einen Duft oder Raumspray, ein schönes Parfum, das sind Dinge, die die Nase erfreuen. Das sind sinnvolle Geschenke.

Manche denken, wer im Bett liegt, hat viel Zeit zum Lesen. Aber bei den vielen Schmerzmitteln fielen mir immer wieder die Augen zu. Am Ende hatte ich nur noch ein Buch, aus dem mein Mann mir vorgelesen hat. Weil ich eingeschlafen bin und weil mir das Buch regelmäßig auf das Gesicht gefallen ist. Selbst mein Handy habe ich am Bettgriff angebracht, damit ich mich nicht erschrecke, damit es mir nicht beim Whatsappschreiben, bei dem ich regelmäßig einschlafe, auf die Nase fällt. Eines Tages kam ein Bildband, schöne Bilder von den Bergen, aber sie hätten mich beinahe erschlagen. Geht nicht. Wie soll jemand, der im Bett oder auf dem Sessel liegt, einen Bildband halten.

Was Selbstgebackenes, vielleicht Marmelade, selbst eingekocht, das sind unvergessliche Momente, weil eine Geschichte dranhängt. Manche meinten es gut und brachten Essen mit, aber ich habe meine Essensgewohnheiten, da bekam ich Sodbrennen, weil etwas drin war, was mein Magen nicht wollte. Also bitte vorher absprechen und nichts zum Essen, wo ich nicht weiß, was drin ist.

Jemand, der nur für meinen Mann kommt, das ist prima, dass er mal eine Stunde oder zwei raus kann. Mit ihm Kaffee trinkt, einen Spaziergang macht, ihm zuhört.
Es kommt noch eine Bekannte. Sie bringt eine Hör-CD mit, das ist ein gutes Geschenk für eine Pflegebedürftige.

Das brauchst du auch am Ende des Weges:
Freunde, die die Wahrheit sagen.
Menschen, die Wertschätzung geben.

Ich als aktiver Mensch bekam meine Wertschätzung immer durch mein TUN, jetzt kann ich nur SEIN, da freut mich jeder Brief und jedes Telefonat, jeder Besuch: „Weißt du eigentlich, dass du mich sehr ermutigt hast“, oder so. Leute, die den gemeinsamen Lebensweg reflektieren.

Es war hart, das runterzuschlucken

Verlust

Ich bin jemand, der gern steuert und verwalten möchte. Wenn mir das nicht möglich ist, werde ich ungemütlich. Habe ich etwas geplant und es kommt mir immer wieder etwas dazwischen, setzt mich das enorm unter Stress. Ich mag es einfach nicht, die Kontrolle zu verlieren. Deshalb habe ich alles, was ging, versucht zu planen, und zwar so früh wie möglich. Wenn ich das erledigt hatte, habe ich mich immer gut gefühlt. Mit plötzlichen Neuerungen konnte ich nie gut umgehen, dafür bin ich nicht flexibel genug. Mein Mann konnte solche Situationen gut ausgleichen, er ist hochflexibel und kann sich von einer Sekunde auf die andere umstellen. Das konnte und kann ich nicht.

Verluste erlebe ich intensiv, wenn es um meine Familie geht. Dann sind Verluste für mich auch sehr schlimm und schwer zu verkraften. Einmal ist Günther vom Dach gefallen, das war dermaßen schrecklich. Den Verlust meiner Eltern wiederum habe ich nicht so stark empfunden, wahrscheinlich weil ich sie lange gepflegt hatte. Aber wenn ich daran denke, ich müsste nach meinem Mann gehen ... das wäre ganz schrecklich, schon allein an diesen Verlust zu denken, ist schlimm für mich.

Während Bens Geburt habe ich, glaube ich, den schlimmsten Kontrollverlust meines Lebens erlebt. Es wurde klar, dass er nur per Kaiserschnitt zur Welt gebracht werden kann. Er hatte sich so schlecht gedreht, dass er nicht auf natürlichem Wege herauskommen konnte. Die Ärzte haben mich also in Narkose gelegt, aber ich reagiere auf Medikamente paradox, manchmal reagiere ich zu schwach, manchmal zu stark. Die Narkose war zu schwach, ich konnte mich zwar nicht bewegen und nichts sagen, aber ich habe alles gespürt. Als Ben geboren war, wollten sie ihn mir bringen, aber ich konnte nicht, ich war so mit mir beschäftigt, so schlimm war dieser Kontrollverlust für mich. Schmerzen zu haben und sich nicht verständlich machen zu können – fürchterlich. Ich hätte die alle in dem Moment abmurksen können.

Ich habe den Ärzten auch erzählt, was passiert ist und dass ich gehört habe, worüber sie sich unterhalten hatten. Die waren natürlich entsetzt und haben sich dann zigmal entschuldigt. Rückgängig machen konnten sie es aber nicht. Aber schon allein, wie und worüber die sich während des Kaiserschnitts unterhalten hatten, fand ich unter der Gürtellinie. Dazu noch der Schmerz, ich habe gedacht, mich sägt einer von links nach rechts auf, das war heftig!

Hinzu kam, dass der ausführende Arzt betrunken war, das habe ich daran gemerkt, wie er gesprochen hat und als ich mich hinterher über ihn informiert habe, habe ich gehört, das sei kein Einzelfall gewesen.

Dieser Arzt hat während des Kaiserschnitts auch etwas vermurkst, was dafür gesorgt hat, dass Günther und ich keine weiteren Kinder bekommen konnten. Als ich nach Ben wieder schwanger war, sagten die Ärzte mir schon, dass es sein könnte, dass ich das Kind verlieren würde. Ich habe es dann mit Liegen versucht und mich geschont so gut es ging, aber im fünften Monat habe ich es trotzdem verloren. Die Ärzte sagten danach, dass es wohl nie etwas mit einem weiteren Kind werden würde, ich könnte es natürlich versuchen, aber sie würden schätzen, dass beinahe zu 100 % feststeht, dass ich kein weiteres Kind austragen können werde.

Damals habe ich überlegt, ob ich gegen den Arzt, der den Kaiserschnitt durchgeführt hatte, vorgehen soll. Aber: eine

Krähe hackt der anderen kein Auge aus. Ich hatte keine Beweise. Ich konnte mich nicht wehren. Und ich habe mich gefragt, ob es noch Sinn macht, auch andere Menschen noch mit reinzuziehen. Ich habe mich dann dagegen entschieden, aber es war hart, das runterzuschlucken. Günther und ich wollten eigentlich drei bis fünf Kinder.

Nach diesen Erfahrungen hatte ich ein echtes Trauma und noch mehr Angst vor Ärzten und dem Krankenhaus. Irgendwann konnte ich es aber an Gott abgeben und habe gedacht, dass es vielleicht gut ist, dass wir nur einen Sohn haben. Er war nämlich anstrengend für vier! Und das ist ein Kompliment, ich bin wirklich sehr dankbar für meinen Sohn. Trotzdem bin ich keine Glucke gewesen. Schmusen und Kuscheln natürlich, aber ich wollte nicht, dass sich alles nur um ihn dreht.

Ich habe auch gedacht, vielleicht möchte Gott, dass Günther und ich uns um viele Menschen kümmern, die in Not sind und uns brauchen. Mit Gottes Hilfe konnte ich diesen Verlust also überwinden, aber es hat Zeit gebraucht.

Womit ich gar kein Problem habe, ist der Verlust von Dingen. Ich könnte von heute auf morgen in eine andere Wohnung ziehen, von mir aus auch eine, die möbliert ist, ich würde alles stehen lassen und dorthin ziehen, das juckt mich also wenig. Ich bin kein Mensch, der an Sachen hängt. Wenn etwas kaputt geht, ist es eben so. Wenn aber etwas mit meiner Familie oder Freunden ist, empfinde ich diesen Verlust beinahe körperlich. Verlust wird für mich schlimm, sobald er mit Menschen zu tun hat.

Rückblick aus dem Tagebuch

Noch ein weiterer Versuch?

Ich war jetzt zweimal im Krankenhaus, sie können an der Wunde nicht operieren, das habe ich verstanden und kann es nachvollziehen. Es gibt nochmal vage die Aussicht auf Bestrahlung. Aber: Ich bin müde, noch einmal einen Krankenhausprozess hinter mich zu bringen. Die Aussicht 25 Mal nach Siegen fahren zu müssen. 50 Tage. 2-4 Monate Heilungswege mit der Wunde durchmachen zu müssen. Ca. ein halbes Jahr Leid und Schmerz und Einschränkung erleben zu sollen. Bei einer 60 % Chance auf Linderung, nicht Heilung – will ich das?

Die Ärzte sagen: Heilen können wir es nicht, aber es könnte ein Stadium der Verlängerung sein. Beim Abwägen von Investition und Ergebnis möchte ich das nicht machen. Für mich ist wichtig, dass ich das tue, was ich in meinem Inneren spüre. Ich will nicht überredet werden oder ein schlechtes Gewissen gemacht bekommen. Beispielsweise, dass ich das für meine Familie machen müsste.

Mein Entschluss steht: Ich mache es nicht. Ich bleibe auf meinem Weg.
Wenn auch der äußere Mensch vergeht, wird der innere von Tag zu Tag erneuert.

Jetzt geht's um mich!

Selbständigkeit und Selbstbestimmung

Nachdem Günther und ich die Fachschule meines Vaters verlassen hatten, ich also diese Entscheidung mit ihm zusammen getroffen und umgesetzt habe, hat mich das an meine eigenen Grenzen gebracht. Es war nicht einfach aus einem so festen Gefüge herauszugehen. Auf einmal haben wir in einem ganz anderen Kontext gelebt, von jetzt auf gleich sind wir aus einer behüteten Situation in die Selbständigkeit gekommen, in der wir alles alleine organisieren mussten und plötzlich die Verantwortung für 10 Mitarbeiter hatten. Die Gemeindearbeit kam dann noch dazu. Jedenfalls hat mich all das Neue aus den Socken gehauen. Heute würde man Burnout diagnostizieren, da bin ich mir recht sicher.

Ich konnte gar nichts mehr, ich habe mich noch nicht mal mehr getraut, die Treppe aus unserer Wohnung hinunter in die Gemeinderäume zu gehen. Mit Müh und Not habe ich mich sonntags in den Gottesdienst geschleppt, also die Treppe runter. Nach dem Gottesdienst bin ich direkt wieder hoch und habe mich aufs Sofa gelegt. Günther musste alles machen, ich habe nur dagelegen, Autofahren war gar nicht mehr drin. Ich hatte Angst, wenn es dunkel wurde abends, hatte Panikattacken. Diese Phase war schon sehr existentiell. Ich habe oft geweint. Habe vor der Spülmaschine gestanden und es nicht fertiggebracht, sie auszuräumen. Körper und Geist waren in einem völligen Erschöpfungszustand.

Ich habe Gott immer wieder gefragt, was er von mir möchte. Ich bin damals nicht auf die Maria-Rolle gekommen, stattdessen dachte ich irgendwann, dass ich mich von dem Stress erholen sollte und meine Nerven wieder in Ordnung kommen mussten. In dieser Zeit habe ich auch die ein oder andere Träne geweint, weil ich dachte, ich hätte die falsche Entscheidung getroffen. Mit der Zeit hat sich aber herauskristallisiert, dass wir richtig unterwegs waren. Mein Mann hatte durch die neue Stelle eine Festigkeit bekommen, sodass er alles in die Wege leiten und übernehmen konnte, was mir in dieser Zeit nicht gelang. So konnte ich mich langsam wieder da raus schrauben ... das hat aber drei Jahre gedauert. Im ersten Jahr war es am schlimmsten, im zweiten wurde es besser und im dritten bin ich langsam wieder hochgekommen.

Früher hat man darüber nicht gesprochen, das war ein absolutes Tabuthema. Heute gibt es tolle Therapien, da bin ich ganz begeistert! Aber damals wurde man damit ziemlich allein gelassen. Wenn ich Günther nicht gehabt hätte, ich weiß nicht, wie ich da wieder hätte rauskommen können.

In der Zeit habe ich Hilfe in Büchern gesucht. Computer waren noch nicht so mein Ding, das kam erst später. Hätte ich das Internet genutzt, wäre es vielleicht schneller gegangen. Aber das Hineinlesen hat mir ziemlich geholfen und Ben machte mit mir damals einen Persönlichkeitstest, der Teil seiner Coachingausbildung war. Dadurch habe ich viel über mich erkennen können. Durch mein Burnout kam auch heraus, dass ich hochsensibel bin, also dass ich manches schneller wahrnehme als andere und auch ein Lastenträger bin, der alles auf sich zieht. Hinterher war ich froh, was ich alles über mich erfahren hatte. Ohne Burnout wäre ich nie darauf gekommen. Und das Wissen hat mir sehr geholfen. Auf einmal wusste ich, warum ich mich beispielsweise überfordert gefühlt habe und wo das

herkam. So konnte ich es in Angriff nehmen und viel besser verpacken.
Es gab ein paar Sachen, die ich mir dann angewöhnt habe. Ich habe im Gemeindehaus früher immer vorne gesessen, weil ich ein Instrument gespielt habe. Aber ich habe mich da nie wohl gefühlt. Es war, als ob die ganze Ladung Menschen, die hinter mir saß, mich erdrückte. Nachdem ich wusste, dass ich hochsensibel bin, habe ich mich nicht mehr vorne hingesetzt, sondern nach hinten.
Außerdem habe ich eine Zeitlang immer am Eingang gestanden und die Leute begrüßt, auch damit habe ich aufgehört, weil sobald ich denen die Hand geschüttelt hatte, wusste ich, was bei denen los war. Das hat mich dann so beschäftigt die ganze Zeit, dass ich von dem Gottesdienst eigentlich nichts mehr mitbekommen habe oder von der Gemeinschaft und danach auch so platt war, dass ich direkt hoch in die Wohnung gehen konnte.
Ich habe mich schon immer in großen Gruppen unwohl gefühlt. Also habe ich mich in der Gemeindearbeit nur noch mit kleinen Gruppen beschäftigt, weil ich wusste, dass mir das gut tut. Oder ich habe jemanden zu mir nach Hause eingeladen und bin nicht mehr irgendwohin gefahren, weil Autofahren für mich auch ein Stresspunkt war. Wenn ich mich auskannte, ging es zwar, aber wehe ich musste irgendwohin, wo ich neu war, das war jedes Mal eine Katastrophe. Damit habe ich auch aufgehört. Mir war dann auch egal, ob jemand darüber lacht, ich habe das einfach nicht mehr gemacht.
Zu Menschen, die mich aussaugten, brach ich den Kontakt ab. Neue Menschen schaute ich mir erstmal genau an, bevor ich sie an mich heranließ, um nicht wieder auszu-

brennen. Die Sensibilität hat mich bei all diesen Sachen verrückt gemacht. Ich musste diese Konsequenzen ziehen, damit es mir besser ging.

Ich habe mich in meinem Leben oft in der Verantwortung gesehen, bestimmte Rollen einzunehmen, die gar nicht zu mir gehörten und nicht nötig gewesen wären. Mein inneres Kind hat mir aber immer wieder vorgespielt, dass ich das machen muss. In diesem Gefüge habe ich mich selbst oft eingeengt und gezwungen gefühlt, etwas zu tun, das ich eigentlich gar nicht hätte tun wollen.

Am Anfang ist mir die Rolle „Pastorenfrau" schwergefallen. Immer vorne stehen, stets im Blickfeld aller, wie auf einem Präsentierteller sitzend – das passte einfach nicht zu mir. Ich bin jemand, der sehr transparent lebt und der auch alle reingucken lässt, aber nicht auf diese Weise. Aber ich kannte das aus Kindheitstagen, ich war es nicht anders gewöhnt. Doch jetzt war ich ja gar nicht mehr in dieser Familienstruktur und trotzdem kam ich nicht raus aus dieser Rolle. Das war aber ein Denkfehler. Nicht die anderen stellten mich jetzt in den Mittelpunkt, ich tat das selbst, weil ich dachte, das mache man so als Pastorenfrau. Ich wollte fürsorglich für meinen Ehemann sein und war in dieser Erfüllung sehr pflichtbewusst. Dabei hatte Günther das nie von mir eingefordert, ich hatte mir das selbst auferlegt.

Genauso war es, wenn ich das Gefühl hatte, dass etwas in der Gemeindearbeit den Bach runtergeht. Ich dachte, ich muss alles retten und habe dann auch oft eingegriffen, obwohl ich das gar nicht machen wollte. Wenn ich etwas anpackte, wurde es aber auch jedes Mal wieder was – ein Teufelskreis. Dass ich mich damit nicht wohlgefühlt

habe, hat dabei, glaube ich, aber niemand gemerkt. Wenn ich etwas in die Hand nehme, selbst wenn ich mich dazu zwingen muss, gebe ich immer 100 %. Immer unter dem Motto „ganz oder gar nicht“. Einmal Ja gesagt, habe ich alles für den Erfolg der Sache getan und mich auch ganz und gar dafür eingesetzt.
Seitdem der Krebs bei mir diagnostiziert ist und auch seitdem ich mehr und mehr Aufgaben abgegeben habe, ist eine solche Befreiung in mein Leben gekommen. Ich kann jetzt selbst entscheiden, was ich eigentlich noch will und was noch wichtig für mich ist. Mich ein Stück weit zurückzunehmen, zu Maria zu werden und erstmal in mich zu horchen, was jetzt dran ist. Früher habe ich oft gemacht, was sein musste. Heute lasse ich auch mal was den Bach runtergehen, dann ist es eben so. Ich fühle mich jetzt so befreit von allem, weil ich keine Verantwortung mehr habe und ich jetzt meine Gaben nicht mehr so einbringen kann, als zu der Zeit als ich noch gesund war. Trotzdem kann ich noch viel tun, ich kann Menschen weiterhelfen, ihnen Mut machen und zwar so, wie es mir Spaß macht, in kleinen Gruppen, mit Menschen, die bei mir sitzen oder mich anrufen. Jetzt kann ich in Ruhe Gespräche führen und das liebe ich einfach. Aus diesem Grund fühle ich mich so befreit, wie ich mich mein ganzes Leben nicht gefühlt habe. Auch deshalb kann ich meine Erkrankung gut annehmen. Ich kann jetzt selbstbestimmt entscheiden, trotz aller Einflüsse von außen. Aus meinem Verantwortungsbewusstsein den Absprung zu schaffen, auch mal Grenzen zu setzen und Nein zu sagen, damit hatte ich es schwer, aber jetzt läuft’s. Manchmal denke ich: „Boa Esther, das hättest du vielleicht schon eher haben können“. Ich mache mir aber auch keine

Vorwürfe, ich finde nicht, dass ich etwas falsch gemacht habe. Schließlich hat mein Verhalten auch Nutzen gebracht, mir zwar nicht, aber den anderen und das hat mir dann trotzdem gutgetan. Manchmal wünschte ich, ich hätte diese Erkenntnis aber früher gehabt, weil es jetzt erst zu erleben, jetzt, wo ich krank bin und wo ich eigentlich nicht mehr agieren kann, wie ich will, ist schon bedauerlich.
Bevor die Krankheit kam, war ja bereits klar, dass Günther und ich in die Nähe unseres Sohns ziehen würden und da habe ich mich schon lange gefragt, was ich dann machen werde. Das hätte genauso wie jetzt bedeutet, aus allem raus zu sein. Und ich habe mich darauf gefreut, selbst bestimmen zu können und zu machen, was ich will, weil vorher konnte ich das nicht. Immer war da zuerst die Aufgabe, bevor ich mich entscheiden konnte. Es gab nie die Möglichkeit, mich zu hinterfragen, ob ich das überhaupt will.
Wenn ich Aufgaben an andere Menschen übertragen habe, war es mir deshalb wichtig, sie langsam mithinein zu nehmen und sie auch immer wieder zu fragen: „Willst du das wirklich?“, oder: „Kannst du das?“. Ich kann gut damit leben, wenn ich auf eine Frage, die ich stelle, ein Nein bekomme. Damit lebe ich besser, als wenn mir jemand vorspielt: „Ja, ich mach’s“, und dann geht’s den Bach runter. Und hatte jemand eine Aufgabe übernommen, habe ich ihn aber auch nicht allein gelassen. Selbst in christlichen Gemeinden darf man nicht den Fehler machen und Menschen zu Aufgaben zwingen, das muss freiwillig kommen, auch wenn Arbeiten anstehen. Sie müssen das selbst vor Gott entscheiden, ob sie das machen wollen.

Mir habe ich diesen Willen aber oft nicht zugestanden, ich habe mich immer zurückgenommen und bin fast jedes Mal hinten runtergefallen. „Esther macht‘s“, oder „Ach, du kannst das ja!“– toll. Das hat mich auch genervt, aber es nutzte nicht wirklich etwas, dagegen zu halten, die wenigsten haben meinen Frust darüber verstanden.
Ich habe mal eine Frau gefragt: „Warum hat Gott mir eigentlich so viele Gaben geschenkt, was ich anpacke, gelingt mir auch.“ Daraufhin fragte sie mich mit einem strafenden Blick im Gesicht: „Sag mal, bist du unzufrieden? Machst du Gott hier einen Vorwurf?“. „Manchmal wird’s mir zu viel, willst du nicht drei Gaben abhaben?“, das hat dann die Situation wieder aufgelockert und wir haben gelacht, aber ich hatte das eigentlich ernst gemeint und sie konnte das gar nicht verstehen, wie ich so undankbar sein konnte. Ich solle doch froh sein, dass ich so viele Gaben habe. Nur, wer viel kann, muss auch viel machen.
Ich habe mich oft alleingelassen gefühlt mit meinen Aufgaben, und ich hatte niemanden, mit dem ich mal hätte reden können außer Günther. Ich hätte auch gern mal mit einer Frau öfter gesprochen, aber in der Gemeindearbeit ist es nicht gut, jemanden vorzuziehen, das führt oft zu Problemen. Deshalb ist man als Pastorenfrau auch oft einsam. Freundschaften kann ich jetzt komischer Weise auch ganz anders leben und das finde ich gut.
Aber manchmal ist man im Leben in irgendeiner Rolle. Beispielsweise innerhalb der Familie, die man sich ja nicht aussuchen kann. Da ist man dann Tochter, Ehefrau, Mutter – und damit muss man klarkommen, ob man will oder nicht.

Ich habe das Gefühl, dass ich unter anderem das erste Mal in meinem Leben für bestimmte Dinge selbstbestimmt agieren kann. Wenn mich jetzt jemand anruft, schaue ich genau auf die Nummer und wenn ich mit denen nicht sprechen möchte, gehe ich nicht ran. Das hätte ich früher nie gemacht. Aber bei manchen, die mich anrufen, habe ich schon so ein Gefühl, dass mich das runterziehen könnte. In manchen Situationen muss ich einen Moment überlegen, ob ich jetzt so handeln kann, wie ich möchte, aber heute entscheide ich es, das ist wichtig. Und häufig mache ich auch das, was ich fühle, auch wenn ich schon weiß, dass die Reaktion darauf schräg sein wird. Ich gestehe mir das jetzt zu, weil jetzt geht's um mich. Das letzte bisschen Zeit, das ich noch habe, darüber will ich selbst bestimmen.

Rückblick aus dem Tagebuch

Ich irritiere Menschen

Wir sprechen darüber, dass ich im Moment viele Menschen irritiere und sie zum Denken herausfordere. Günther meint, sie bekommen bei uns ein „Himmelscoaching". Ja, meine Art ist für manche Menschen schwer, ich will aber sagen dürfen, was in mir ist. Soll ich Rücksicht nehmen wegen der Gefühle anderer und ihnen die Hoffnung verbergen, die ich in mir trage? Ich kann doch auch nicht vortäuschen, dass ich leide und es mir schlecht geht.

Es geht mir so gut wie selten zuvor. Ich habe angefangen für die Krankheit dankbar

zu sein, weil ich viele gute Auswirkungen erlebe und Einflüsse ausüben darf. Günther erinnert mich daran, dass wir uns entschlossen hatten, unsere Berufung zu leben, solange die Gelegenheit besteht. Und es sei jetzt meine Berufung, dass ich sie auf den Himmel hinweise. Auch, wenn es viele scheinbar überfordert.

Wir laden die Menschen ein, in diesem Prozess in Kontakt mit uns zu bleiben, damit sie immer nahe dran sind und uns erleben können. Unser Leben spricht.

Ich habe auch erst damit begonnen, meine Gabelliste abzuarbeiten, als ich ins Liegen gekommen bin. Ich wusste, dass es mir vorher nicht guttun wird, deshalb habe ich mich weiterhin diszipliniert an meinen Essensplan gehalten. Jetzt schadet es mir nicht mehr, ich nehme so starke Schmerz- und Abführmittel, fertig. Es kann nichts mehr kaputt gehen, was nicht eh schon kaputt ist. Jetzt entscheide ich, was ich esse – und wenn es nur das ist. Oder dass ich meinen Schrank leerräume, das entscheide ich, auch wenn das manche nicht verstehen können.
Ich habe mich oft nicht getraut, das zu machen, was ich gern gemacht hätte. Auch, wenn man das von meiner Persönlichkeit nicht denkt. Das kam einfach in meiner Welt nicht vor, ich habe das nie groß hinterfragt. Aber ich habe das als Kind in meinem Elternhaus schon so vorgelebt bekommen. Meine Eltern haben den Krieg erlebt und die Nachkriegszeit, das war eine ganz andere Situation, die

auch in meiner Erziehung Spuren hinterlassen hat. Autoritäten – also Eltern – hat man nicht hinterfragt. Heute dürfen Kinder und junge Erwachsene alles in Fragen stellen, aber das gab es früher nicht. Auch die Möglichkeiten, sich zu informieren, waren nicht so offen zugänglich wie den Menschen heute. Diese Veränderung finde ich einerseits toll, andererseits sehe ich auch eine Gefahr, weil Kinder heute überhaupt keine Disziplin mehr erlernen. Ich bewundere es, dass das in unserer Familie nicht so ist. Meine Enkel sind gut erzogen, sie wissen sich zu verhalten, egal wo wir hingehen. Aber trotzdem sehe ich immer wieder, wo ein bisschen Disziplin den Menschen guttun würde. Menschen brauchen einen Rahmen, in dem sie sich entfalten können. Fehlt dieser Rahmen, sind sie haltlos. Das ist wie bei Schafen, wenn sie geführt werden, ist alles gut, aber wenn sie keine Leitung haben und überall hinrennen können, dann sind sie verloren.

Und ein wenig ist das beim Menschen ähnlich. Wenn jemand kein Ziel hat, auf dass er zusteuern kann, irrt er umher. Diese wahnsinnig breite Fächerung und Auswahl, die es heute gibt, ist auch eine Überforderung für junge Leute. Auf der einen Seite ist das eine tolle Chance, auf der anderen Seite ist es eine wahnsinnige Überforderung. Ich vermute, dass deshalb viele Menschen psychisch krank sind. Sie können damit nicht umgehen und bräuchten Leitplanken, an denen sie entlang gehen können, um dann selber zu entscheiden, ob die Leitplanken irgendwann doch ein Stück weit erweitert werden können.

Ich wusste mit 7 Jahren, dass ich Lehrerin werden möchte. Viele junge Erwachsene wissen mit dem Abitur noch nicht, in welche Richtung sie wollen. Leitplanken geben

auch Halt. Und ich sehe bei vielen Jugendlichen, dass sie diesen Halt nicht haben und mit dieser Freiheit noch nicht umgehen können. Auch, weil sie keine Disziplin kennen, welches Kind kann denn noch fünf Minuten ruhig sitzenbleiben ohne ein Handy in der Hand? Geht doch gar nicht mehr. Stattdessen werden sie alleine gelassen und das verhindert ihre gute Entwicklung.
Deshalb kann ich nicht sagen, dass es verkehrt war, wie ich erzogen wurde, ich mache meinen Eltern auch keinen Vorwurf. Ich selbst habe es bei Ben anders gemacht. Wir haben ihn zwar auch streng erzogen, aber anders streng und Ben macht es wieder anders. Da mische ich mich auch nicht ein, das ist seine Verantwortung. Es ist wichtig, dass jede Generation ihre Verantwortung wahrnimmt.

Rückblick aus dem Tagebuch

Soviel Eigenverantwortung abgeben. Ein blöder Tag

Ein blöder Tag, weil so viele Abschiede dran sind, nicht von Menschen, sondern von bisheriger Selbstbestimmung. Da macht man sich ja gar keine Gedanken vorher, dass man nicht mehr selbst sorgen kann für so viele Dinge. Ich kann nicht mehr in meinem Buch schreiben, dabei wollte ich meine Lebensgeschichte für die Enkelkinder noch ein wenig aufschreiben. Aber das Schreiben fällt schwer, ich schlafe immer ein, den Stift halten geht nicht mehr, fällt mir immer runter, meine Schrift verändert sich.

Ich bin angekommen am Tag, wo mein Mann um meine Hand angehalten hat, das war Ende 1976. Wer das wohl weiterschreibt?

War ein blöder Tag, mein Mann musste die Medikation für mich übernehmen. Ich schaffe es nicht mehr, alles im Auge zu behalten. Zu meiner Versorgung tagsüber kommt jetzt die regelmäßige Gabe der Medikamente dazu. Ob er das schafft, er ist so spontan und manchmal zerstreut, ich mache mir Sorgen. Auch um ihn, weil das vielleicht eine Überforderung sein könnte. Er hat soviel im Blick, auch was die Gemeinde und die Mission noch angeht. Wobei er schon alles an die hinteren Plätze stellt und alles absagt, wenn es um mich geht.

Aber auch dabei fühle ich mich blöd. Denn ich halte ihn von seiner Aufgabe ab. Klar, er sagt, dass er das jetzt als Aufgabe hat. Aber ist das wirklich seine Aufgabe?

Ein blöder Tag, das Wasser in meinem Körper, Bein, Hüfte macht Mühe. Wie kriegen wir das raus? Ab morgen gibt es eine Wassertablette und die Lymphdrainage. Britta hatte schon gut angefangen zu lymphen, mein Mann macht das auch. Hoffe, dass es nicht so schmerzt, wenn das Wasser sich staut, ich habe auch Atemnot.

Als ich die Darmerkrankung bekam und an meine körperlichen Grenzen stieß, habe ich nicht lockergelassen. Irgendwo musste das doch herkommen. Gemeinsam mit einer Therapeutin habe ich erkundet, woher. Mit vielen Gesprächen haben wir rausbekommen, dass mein Vater gerade in der Zeit, als ich noch ein kleines (etwa zwei oder drei Jahre alt) Kind war, viel vereist ist. Er war häufig 3-5 Tage unterwegs. Einmal war meine Mutter krank, als er wegmusste. Ich vermute, es war eine Magen-Darm-Grippe. Da schob mein Vater einen Hocker an unser hohes Waschbecken und erklärte mir: „Wenn die Mama kotzt, dann musst du ihr Wasser bringen. Du musst für sie sorgen, du bist jetzt für sie da".

Das war eine vollkommene Überforderung damals. Diese Situation hat mich meine Leben lang verfolgt und dazu geführt, dass ich häufig die Verantwortung übernommen habe. Meine Mutter war auch recht häufig krank und oft im Krankenhaus, da habe ich immer wieder Negativerfahrungen mit Ärzten gehabt, musste oft kämpfen und mich durchsetzen.

Seitdem ich mit der Therapeutin aber dieses Erlebnis wieder hervorgeholt hatte, wusste ich, woher es kommt, dass ich einen anderen Umgang pflege als andere Menschen. Damals habe ich mein inneres Kind entdeckt, was in mir drin ist und auch nicht weggeht. Trotzdem ist es meine Aufgabe diesem Kind seinen Platz zuzuweisen. Ab dem Zeitpunkt hatte ich keine Panikattacken mehr. Ich wusste auf einmal, das ist nicht die Realität, das ist jetzt mein inneres Kind, was diese Attacke auslöst. Nur bin ich heute ein anderer Mensch, ich muss nicht so reagieren.

Ich weiß auch, dass aufgrund meiner Willensstärke mir die Entschiedenheit gegen mein inneres Kind mit aller Konsequenz anzugehen, auch mir selbst gegenüber, vielleicht leichter fällt als anderen. Andere Menschen sind sehr emotional und bekommen kurz vor einer Panikattacke keinen klaren Gedanken mehr hin. Ich dagegen kann meinem inneren Kind dann sagen, dass jetzt Schluss ist und dass ich das jetzt für uns regeln werde. Diese Erkenntnis hat mir dann auch fürs Autofahren geholfen. Das ist mir immer schwergefallen. Danach habe ich mich sogar getraut, 400 Kilometer in den Schwarzwald zu fahren. So eine Fahrt und auch noch alleine, hätte ich nie gemacht. Das war mir viel zu unsicher.

Und auch heute hilft mir das, mit meiner Situation umzugehen. Ich habe mich immer wieder mit Themen auseinandergesetzt, sie für mich durchdrungen, um dann eine Entscheidung zu treffen, der ich Taten folgen lasse. Alles andere wäre für mich gerade auch sehr kräftezehrend. Wenn ich mich wieder und wieder fragen würde: „Habe ich das jetzt richtig gemacht? Muss ich es vielleicht doch anders machen? Was hast du dir jetzt angetan?“, würde mich das immer wieder durcheinanderbringen.

Aber es gibt Menschen, die sich im Entscheidungen treffen eher schwertun. Ihnen würde ich raten, dass sie sich erstmal damit beschäftigen, wie sie sich als Persönlichkeit besser annehmen können, anstatt mit sich zu hadern. Denn ich glaube, die Entscheidungsfindung hakt häufig an fehlendem Selbstvertrauen. Alle Eigenschaften, die wir haben, sind Geschenke – ich kann sie nutzen und herausfinden, welche Veranlagungen ich fördern kann. Und wenn ich dann weiß, wer ich bin, gibt einem das ein Stück Selbstver-

trauen. Deshalb ist es wichtig, dass Menschen ihre eigene Struktur anschauen und herausfinden, wer sie eigentlich sind, wie sie so drauf sind, was in ihnen steckt. Wenn ich weiß, wer ich bin, kann ich wesentlich einfacher Entscheidungen treffen, das habe ich auch oft erlebt.
Hinter der Unfähigkeit eine Entscheidung zu treffen, steckt immer ein Grund. Wenn man selbst nicht darauf kommt, kann man immer noch Hilfe in Anspruch nehmen, sich beispielsweise einen Coach nehmen oder jemand anderen, dem man vertraut und der sich damit auskennt.

Rückblick aus dem Tagebuch

Glocke am Bett

Unsere Putzfrau kommt zum zweiten Mal in dieser Woche und macht das gut. Sie ist ein Lichtblick. Sie sagt, sie fühlte sich bei uns sofort Zuhause. „Als ich euch das erste Mal getroffen habe, seid ihr keine Fremden gewesen, ich habe mich gleich gut gefühlt.“ Ich spreche mit ihr, dass wir einen Schöpfer haben, der uns liebt. Ich habe ihr auch erzählt, dass ich sterben werde, aber dass ich keine Angst habe. Will auch ihr ein gutes Beispiel der Hoffnung auf den Himmel sein.

Eine Psychologin des Palliativteams hat sich angeboten, uns zu besuchen. Sie findet meine Haltung und Überzeugungen sehr authentisch und sieht viele Ressourcen, aus denen ich

schöpfen kann. Ich fühle mich total bestätigt und bin dankbar für diese Einschätzung

Wir erzählen von unserer Krise in den letzten Tagen, dass Günther an die Grenze gekommen ist. Nun war er auch krank und wir haben einige Veränderungen vorgenommen, damit jeder für sich gut sorgen kann. Günther schläft jetzt im Arbeitszimmer, damit er runterfahren kann nachts und ich habe eine laute Glocke am Bett, falls ich wirklich in Not komme, dann kann ich läuten.

Ich wünsche mir, dass Günther auch für sich sorgt, indem er mal einige Stunden rausfährt, Besuche machet, Spazieren geht, für sich etwas tun. Er nimmt das auch an. Er äußert auch, dass er meinem Ordnungssinn und der Struktur die mich antreibt, eine Grenze setzen muss, weil das nicht seins ist. Ich will nicht erwarten, dass er es mir recht macht, er muss seinen Weg finden.

Es tut gut, sich darüber auszutauschen. Die Psychologin will in vier Wochen wiederkommen. Sie macht auch klar, dass jeder seinen eigenen Weg hat, wie er mit Leid und Abschied umgeht.

Mein Mann ist da ganz anders als ich, das musste ich auch zu akzeptieren lernen. Denn er hat deswegen keinesfalls

bessere oder schlechtere Eigenschaften als ich – er hat einfach andere Eigenschaften als ich. Schwarz auf Weiß habe ich das zum ersten Mal gesehen, als wir beide das Reiss Motivation Profile® gemacht haben. Das ist eine Persönlichkeitsanalyse, die zeigt, wie stark oder gering die Ausprägung unterschiedlicher Lebensmotive ist. Ein Beispiel aus unseren Ergebnissen kann man schön am Lebensmotiv „Ordnung" erklären. Mein Mann hat bei diesem Lebensmotiv eine sehr geringe Ausprägung, was bedeutet, dass es ihm ziemlich egal ist, ob Ordnung herrscht oder nicht. Ich selbst habe eine starke Ausprägung. Wenn ich das mal früher gewusst hätte, hätten wir wesentlich weniger Konflikte gehabt, dieser Unterschied hatte in unserer Ehe, meiner Meinung nach, sogar das höchste Konfliktpotenzial. Nicht, dass ich nicht gewusst hätte, dass Ordnung nicht so sein Thema ist, aber so hatte ich es endlich schriftlich und verbindlich. Wir haben uns dann daraufhin Zimmer in unserer Wohnung zugeteilt. Das Schlafzimmer war sein Zimmer, da durfte er stapeln bis unter die Decke. Das Wohnzimmer war mein Zimmer und da sollte immer alles ordentlich sein. Und auch in unserer neuen Wohnung hält Günther das für mich ein, ich kann ja nichts mehr wegräumen. Ich lobe ihn auch dafür, dass er mir einen Raum schafft, in dem ich mich wohlfühlen kann. Er gibt auch echt sein bestes, räumt aber am Ende nur von einem Ort zum anderen Ort, wegräumen kann er einfach nicht, er stapelt.
Trotzdem hat das Reiss Motivation Profile® sichtbar gemacht, wer mein Mann ist und wer ich bin. Das fanden wir beide so gut, dass Günther dieses Analyseinstrument heute mit Pärchen macht, die heiraten wollen. In seinem Ehevorbereitungskurs zeigt er ihnen, welche unterschiedlichen

Bedürfnisse sie beide haben, auch damit ihre Partnerschaft nicht daran zerbricht und um die Entscheidung der Heirat auf feste Füße zu stellen.
Ich finde es ist für jeden Menschen wichtig, zu sehen, wer man wirklich ist und was man mit dem eigenen Potenzial umsetzen kann.

Offen? Ich rede immer offen!

Zufriedenheit

Es ist pures Glück für mich, dass ich in diesem familiären Umfeld leben darf. Ich denke wirklich häufig darüber nach, dass die Krankheit mir genau das ermöglicht. Ohne sie hätte ich das nicht – deshalb bin ich dankbar für die Krankheit – auch wenn sich das crazy anhört. So zu leben macht mich sehr zufrieden, ich habe mir das immer gewünscht, ich hätte gern immer Familie um mich herumgehabt, weil ich das irgendwie nicht so hatte. Wir haben immer in einer Lebensgemeinschaft gelebt, es waren also immer viele Leute da, aber nie wirklich Familie. Und als ich die Familie meines Mannes kennengelernt habe, die einen engen Zusammenhalt hat und sich oft trifft, hatte ich eine Ahnung davon, wie schön das sein kann. Die Familie meines Mannes kommt aber auch vom Dorf, ich glaube das ist dann doch anders, wenn man wie ich aus der Stadt kommt. Man sieht sich wahrscheinlich häufiger.
Über Jahre hinweg konnte ich dieses Familienleben nicht führen, auch weil wir so weit voneinander weggewohnt haben, aber wir haben das trotzdem versucht zu leben. Sind häufig zu Besuch gekommen, vor Bens Scheidung waren wir alle fünf bis sechs Wochen am Wochenende da, danach alle zwei Wochen immer für drei bis vier Tage. Das war für mich Familie und ich habe das geliebt ohne Ende, deshalb ist es jetzt schön, dass ich hier sein darf.
Ich mag das Miteinander, das Zusammensein. Ich mag es, als Oma etwas an meine Enkel weitergeben zu können. Meine Oma hat das auch so gemacht mit mir und ich habe das als Enkelin geliebt und mir schon früh gedacht, dass ich das auch mal so machen werde. Ich finde es toll, dass ich die Möglichkeit dazu hatte.

Rückblick aus dem Tagebuch

Ostersonntag

Die Familie ist zusammen. Es ist für mich wie Weihnachten, Neujahr, Ostern und Geburtstag an einem Tag. Ich wüsste außer unserem Hochzeitstag keinen Tag wie diesen. Das fröhliche Miteinander erfüllt den Raum. Das Mitfühlen der anderen zu spüren, nicht Mitleid, sondern Herzlichkeit. Es war ein großartiger Familientag, wie ich ihn mir immer gewünscht habe.

Alex, meine Schwiegertochter, hat Gulasch gemacht und wir essen in großer Runde, ein echtes Osterfest. Jeder bekommt eine besondere Ermutigung von mir:

Markus mein Bruder, ich liebe dich von ganzem Herzen, Ich danke dir, dass du gekommen bist und mir so einen wunderbaren Tag bereitet hast. Dass wir Familie sind, was ich mir immer gewünscht habe, dass wir so miteinander sein konnten. Ich lieb dich von ganzem Herzen bis in alle Ewigkeit und das wird so bleiben.

Ju, meine Schwägerin, ich danke dir, dass Du mir so eine liebe Freundin geworden bist und dass Du meinem Bruder Markus eine so liebe Frau bist, ich werde dich immer lieben, auch

im Himmel werde ich dich lieben. Dort sehen wir uns wieder.

Nichte, du wirst deinen Weg machen. Jesus ist bei dir, er begleitet dich jeden Tag.
Nichte, ich habe dich lieb, Jesus ist an deiner Seite, halte dich an ihm fest.

Es ist ein emotionaler Abschied als sie gehen, mit vielen Tränen. Aber sie sind nur kurz und dann überwiegt wieder die Freude. Auch Günther weint bei diesem Abschied.

Ich habe mir jedes Kind genau angesehen und geschaut, was es braucht. Hanna ist sehr handwerklich, ihr habe ich versucht, Handarbeit nahe zu bringen. Das macht sie gern, sie hat angefangen zu häkeln. Dann habe ich versucht, mit ihr zu stricken, ganz kindlich einfache Sachen. Emely malt lieber und bastelt, also haben wir das mit ihr gemacht. Jetzt geht sie mit Günther in den Kletterpark, weil sie gern klettert.
Noah, der älteste, ist ein ruhiger und stiller, der gut Klavier spielt. Musikalisch kann man ihn gut erreichen, und ich liebe ebenfalls Musik, das verbindet uns. Silas ist meinem Sohn sehr ähnlich, ihn muss man wieder ganz anders nehmen. Für jedes Kind einen individuellen Weg sehen und finden, zu schauen, was könnte für wen wichtig sein – das hat mir Spaß gemacht. Und ich unterstütze gerne, deshalb habe ich meinem Sohn immer gern geholfen, wenn er ein Problem hatte.

Ben

Ich bin meiner Mutter und der Familie meiner Mutter in meiner Art ähnlicher als der meines Vaters. Ein Beispiel ist das Thema handwerkliches Geschick. Meine Mutter hat schon immer gesagt: „Ben, gib dem Vatter nicht die Bohrmaschine in die Hand, sonst musst du hinterher das Loch zumachen." Mein Vater macht zwar alles und geht auch alles an, es ist nur so: es gibt Nachwehen, wenn er es macht, um das mal vorsichtig und diplomatisch auszudrücken. Das hat dazu geführt, dass meine Mutter und ich diese Erledigungen zusammen gemacht haben. Ich erinnere mich aber an ein Erlebnis, als meine Eltern nach Hagen gezogen sind. Die Wohnung war fertig renoviert, wir hatten die Decken neu mit Holz vertäfelt und es musste eigentlich nur noch die Lampe angebracht werden.

Ich stand unten an der Leiter und mein Vater wollte das machen, also habe ich ihm erklärt, was zu tun ist: „Guck mal, in der Lampe gibt's drei Phasen von der Lampe, Gelb, Blau und Schwarz, du nimmst einfach das schwarze Kabel von der Decke und verbindest es mit dem schwarzen von der Lampe und das blaue mit dem blauen und das gelbe mit dem gelben", „alles klar, mache ich."

Mein Vater ist also auf die Leiter gestiegen und hat die Lampe angeschlossen. Danach standen wir alle im Flur und meine Mutter durfte das erste Mal das Licht anmachen. Wir haben sogar bis drei gezählt. Meine Mutter knipst das Licht an, es macht PENG und die Sicherung fliegt raus. Ratlosigkeit bei allen. „Hä? Wieso fliegt die Sicherung jetzt raus? Verstehe ich gerade nicht, das kann nicht sein. Ist die Lampe kaputt? Was ist denn jetzt hier passiert?".

Also bin ich die Leiter hoch und habe die Lampe abgenommen. Was war passiert? Na ja, Schwarz war nicht an Schwarz, Blau nicht an Blau und Gelb war nicht an Gelb, kein Wunder, dass die Sicherung rausgeflogen war. Wir haben uns halb tot gelacht im Flur.
Unsere Beziehung ist erst nach meiner Scheidung wieder enger geworden. Ich bin mit 19, also sehr früh, von Zuhause ausgezogen und ich habe auch sehr früh, nämlich ein Jahr später, geheiratet. Und dieses Familiengefühl, das meine Mutter gern gehabt hätte, war mit meiner damaligen Frau eigentlich nicht machbar. Das hat uns etwa 10 Jahre auf Abstand gehalten. Nicht von der Liebe zueinander, aber wir hatten in der Zeit keine enge Verbindung.
Als ich nach der Scheidung alle zwei Wochenenden ein „Papa-Wochenende" mit vier kleinen Kindern hatte, gleichzeitig aber aus der gemeinsamen Wohnung mit meiner damaligen Frau mit nichts ausgezogen war, waren meine Eltern sofort für mich da und haben geholfen, wo es ging. Meine Mutter hat dann bei Bekannten Spielsachen für die Kinder organisiert, die in den Kindergärten aussortiert wurden, damit ich überhaupt was hatte. Ein ganzer Haushalt musste wieder aufgebaut werden – da war meine Mutter voll in ihrem Element, sie hat alles organisiert und gemacht. In der Zeit haben meine Eltern mich voll und ganz unterstützt, auch an den Wochenenden, wenn meine Kinder dann da waren.

Das zeigt, die Liebe zueinander war nicht gebrochen, die Verbindung war nur ein bisschen gestört. Wir haben versucht, das Beste daraus zu machen. Günther und ich haben unsere erste Schwiegertochter aber trotzdem akzeptiert, auch wenn die Beziehung zu uns nicht so ihr Ding war.

Selbst nach der Trennung haben wir ihr trotzdem angeboten, dass wir sie genauso unterstützen würden wie unseren Sohn. Das hat sie zwar nie in Anspruch genommen, aber mir war das als klares Signal in ihre Richtung schon wichtig. Sie wird ihre Gründe haben, warum sie uns lieber auf Abstand hält. Heute will ich diese gar nicht mehr wissen, ich nehme das als Stand der Dinge an. Es hat mich aber nicht davon abgehalten, ihr Gutes zu tun. Und ich möchte da auch keinen Unterschied machen. Sie ist auch heute noch meine Schwiegertochter, genau wie Bens jetzige Frau Alex. Sie ist die Mutter meiner Enkel und das wird sie auch bleiben, auch wenn wir nicht wirklich eine Beziehung zueinander haben, aber selbst, wenn sie heute fragen würde, würde ich ihr helfen.
Nach der Trennung der beiden wurde die Beziehung zu Ben wieder stärker. Ich fand es schön, dass Ben uns um Unterstützung gebeten hat, wir haben das gerne gemacht, auch wenn uns das Kraft gekostet hat und wir Abstriche machen mussten. Ich habe dann auch Tätigkeiten in der Gemeinde abgegeben, weil ich nicht mehr so viel Zeit dafür hatte. Aber wie gesagt, ich habe das gern gemacht, weil es um meine Familie ging, das war mir immer wertvoller und wichtiger als meine Arbeit in der Gemeinde. Meine Familie hat für mich immer Priorität.
Wir haben uns auch immer gewünscht, dass unsere Enkel nicht nur ihre Single-Mama und ihren Single-Papa erleben, sondern eben auch Familien-Wochenenden. Papa, Oma, Opa war dann nochmal eine andere Familienkonstellation und ich glaube, das war gut. Außerdem haben wir dadurch ein sehr enges Verhältnis zu unseren Enkeln. Sie kommen auch mal mit Problemen zu uns, bevor sie zu ihrem Papa

gehen. Und das finde ich gut, ich habe das früher, als Ben klein war, auch geschätzt, dass er mit Problemen zu seinem Opa gegangen ist. Die beiden hatten eine enge Beziehung zueinander, auch wenn ich fand, dass mein Vater Ben ein wenig zu sehr für sich vereinnahmte, aber ich hätte das nie unterbunden, dafür war es mir zu wertvoll, dass die beiden eine gute Beziehung hatten.

Als Ben dann seine zweite Frau kennengelernt hat, haben wir sie gleich sehr in unser Herz geschlossen und auch ihr zugesagt, dass wir ihr helfen, wenn sie uns braucht. Sie hat uns direkt sehr liebevoll angenommen als ihre neuen Schwiegereltern. Ich bin sehr froh, dass wir heute so ein schönes Verhältnis haben. Alex hat uns mit in die Familie hineingenommen, das hat mir sehr gutgetan. Dadurch ist die Beziehung sehr eng geworden und noch enger, seitdem Günther und ich hier wohnen. In der Nähe zueinander zu wohnen, ermöglicht, Familie nochmal ganz anders zu leben.

Das ist nichts, was vom Himmel fällt

Dankbarkeit

Dankbarkeit ist mir sehr wichtig, ich versuche mich an allem, was mich umgibt, zu erfreuen und immer etwas Schönes zu finden, wofür ich Danke sagen kann. Über den Tag hinweg oder manchmal am Ende des Tages, versuche ich stets mir 5-7 Sachen bewusst zu machen, wofür ich dankbar bin. Das gibt einem auch eine andere Lebensperspektive auf überhaupt alles, also nicht nur auf mich, sondern auch darauf, was mein Umfeld betrifft. Auch auf Menschen, mit denen mir der Umgang schwerfällt, an denen ich aber trotzdem etwas finden möchte. Aber ich bin da auch ehrlich, das ist Übungssache, das ist nichts, was vom Himmel fällt oder wo man sagen kann „Ach, das mache ich jetzt mal". Dankbarkeit kann und muss man lernen.
Der Prozess, sich selbst kennenzulernen, lehrt einen auch dankbar zu sein, nämlich dafür, wer man ist und mit welchen Gaben man gesegnet ist. Ich kann nichts dafür, wer ich bin. Ich kann schimpfen darüber, dass meine Eltern mir etwas Falsches vererbt haben – ja das geht, ich kann undankbar sein. Aber: Es nützt mir nichts. Stattdessen sollte man lieber herausfinden, was man mit seinen Anlagen anfangen kann.

Rückblick aus dem Tagebuch

Wir haben doch nichts zu jammern

Ich finde es so schrecklich und enttäuschend, wie Christen mit Leid umgehen. Und wie sie an ihrem Leben und an ihren irdischen Gütern hängen. Sie sind so wenig auf den Himmel ausgerichtet und so verwurzelt in allem Irdischen. Ich habe Verständnis, dass

man traurig ist, dass man seine Lieben hinter sich lässt. Menschen finden es ungewöhnlich, dass sie in den Himmel gehen. Ich weiß wohin ich gehe. Ich weiß, dass mir nichts Schlechtes passiert. Ich fühle mich wie im Vorhimmel.

Aber ich habe eine andere Entscheidung getroffen: Wir jammern nicht darum, was uns entgehen könnte, was wir alles verpassen könnten, sondern wir feiern, was wir heute haben.
In Jesus sind wir gehalten und sicher.

Dass ich meinen Mann verlassen muss, tut mir weh, meinen Sohn verlassen muss, der mein Fleisch ist.

Schon als Kind fand ich es schwierig mit Menschen umzugehen, die muffelig waren. Damit meine ich Menschen, die an allem irgendwas zu nörgeln hatten. Das waren für mich unangenehme Menschen, mit denen ich nicht gern zu tun hatte, in deren Gegenwart habe ich mich immer unwohl gefühlt. Als ich älter wurde, habe ich gemerkt, dass auch ich mich aufregen kann über alles mögliche. Hinterher habe ich oft gedacht: „Warum hast du das jetzt eigentlich gemacht? Was ein Blödsinn, das hat dir jetzt weder was genutzt noch hat es irgendwas gebracht." Dabei kann man schon früh morgens, wenn man die Jalousie hochzieht und sieht, dass draußen ein blauer Himmel ist, dankbar sein. Für heute und dieses schöne Wetter.

Rückblick aus dem Tagebuch

Ich brauche Ansprache

Ich fühle mich sehr müde, denke an meinen Abschied, ich bin nicht unzufrieden, ich will dankbar bleiben. Dennoch ist meine Seele heute erschöpft, wohl auch, weil mein Körper so schwer arbeiten muss mit dieser Wunde. Ich kann nicht auf's Klo, auch das schlägt mir aufs Gemüt. Schlafe fast immer bis zum Mittagessen, Günther muss mich wecken, dann ein italienischer Auflauf. Mozzarella, Tomate, Zucchini mit gebratenen Klößen.

„Ich brauche Ansprache". Mein Geist muss herausgefordert werden. Günther holt die Tischdecken und wir besprechen, was er wo auflegen kann, manches kann auch weg. Das belebt mich, dass ich wieder aktiv sein kann. Er wechselt einige Tischdecken im Wohnzimmer aus, anderes kommt wieder zurück.

Also habe ich mir weiterhin vorgenommen, lieber dankbar als wütend zu sein und habe begonnen, mir vor Augen zu führen, was mir Gutes geschieht am Tag. Seitdem habe ich aus der Dankbarkeit heraus eine Zufriedenheit entwickelt mit allem, was ich habe. Ich kann deshalb ganz einfach sein und einfach leben, für mich ist das jetzt hier, was ich habe, Luxus pur, sowas hatte ich nie und wollte ich auch nie. Ich war zufrieden mit dem was ich hatte. Zu unserer 2-Zimmer-Wohnung in Hagen habe ich jedes Mal, wenn ich gegangen bin, gesagt: „Tschüss schöne Wohnung", und wenn wir gekommen sind: „Hallo schöne Wohnung, wir sind wieder da".

Rückblick aus dem Tagebuch

Eigentum

„Was wir so fest in Händen halten, das ist uns alles nur von Gott geliehen. Wir dürfen es verwalten, wir dürfen es gestalten und geben es zurück an ihn". (Quelle: Manfred Siebald)

Es ist das Problem der Christen, dass sie keine Heimat kennen. Vielleicht hat mich das geprägt, weil ich keine wirkliche Heimat hatte bei so vielen Umzügen. Vielleicht, weil ich gelernt hatte: Nichts gehört mir.

Für das, was ich habe, dankbar zu sein, gibt mir auch Ruhe im Leben. Selbst jetzt in dieser Lage frage ich mich, was ist gerade gut an diesen bösen Zeiten? Günther und ich haben uns mal zusammen hingesetzt und eine Liste erstellt, mit Punkten, die gut sind an unserer jetzigen Situation.

Warum sind wir mit Dankbarkeit erfüllt

- Wir können die Wahrnehmung und das Blickfeld sehr auf uns beide richten.
- Wir erleben bewusst die Ferien im Bayrischen Wald, Weihnachten, Begegnungen.
- Wir konnten die Prioritäten auf unsere Bedürfnisse hin ordnen.

- Weil wir von unseren Kindern in ihre Nähe eingeladen wurden.
- Wir haben eine gute Wohnung gefunden, wo wir uns wohl fühlen und wirklich glücklich sind.
- Wir können die Beziehungen zur Familie leben (Enkel, Ben, Geschwister).
- Wir haben soviel Unterstützung wie nie zuvor im Gebet.
- Wir erleben Anteilnahme von vielen Freunden.
- Wir erleben, dass wir durch unsere Situation Menschen zum Nachdenken herausfordern und zum Glauben ermutigen können.
- Wir haben 8 Monate lang unsere Berufung leben können.
- Wir haben Menschen in Aufgaben einsetzen können, die wir nicht tun konnten.
- Wir haben Besuche von verschiedenen Seiten erhalten.
- Wir erleben Gottes Zeiteinteilung in allen Grenzen und Schwächen.
- Das Abendmahl wurde zu unserer Stärkung und Lebensquelle.
- Die gemeinsame Nähe zu Jesus wird noch größer.
- Wir leben im Heute – Morgen liegt in Gottes Hand.

Rückblick aus dem Tagebuch

Gott weiss es

Auch wenn der Vers mich erschreckt hat, Vater, wenn du willst, lass diesen Kelch an mir vorübergehen, nicht mein Wille, sondern dein Wille geschehe. Das will ich auch so sagen, auch wenn es schwerfällt. Und doch wieder

gut. Habe Hilfe – von Ärzten, Pflegern und Physiotherapeuten, was für ein Segen. Ich habe meine Familie um mich herum – welche Freude. Alles geht so unglaublich gut und schnell.

Jesus ich danke dir für alles, du weißt es …

Es wird zu mir zurückkommen

Hoffnung

Ich gebe keine Menschen auf, ich habe immer Hoffnung für sie und es dauert wirklich ekelhaft lange, bis ich sage: „Jetzt kannst du mich mal.“ Ich sehe immer wieder einen Funken aufblitzen, versuche ihnen zu helfen, ihnen nahe zu sein, einen Schritt auf sie zu- statt wegzugehen. Es muss schon etwas Gravierendes passieren, dass ich mich abwende. Aber dann auch ohne Stress und Ärger, einfach mich dem Gedanken „du lebst da, ich lebe hier, und wir ärgern uns nicht mehr“ – und trotzdem gebe ich dann die Hoffnung für den anderen nicht auf. Das ist die Hoffnung in mir, dass sich immer wieder Situationen zum Guten und Besseren bewegen werden.

Ein Beispiel dafür ist meine Freude daran, zu sehen, dass wenn ich etwas gebe, es vielfältig zu mir zurückkommt. Auch, wenn ich das vielleicht über Jahre gar nicht gesehen oder empfangen habe, aber es wird zu mir zurückfinden. Ich habe die Hoffnung, dass all das, was ich eingebracht habe in meinem Leben, Sinn hat, tragbar ist und nicht einfach verschwindet.

Hoffnung hat für mich stark mit der Person Jesus Christus zu tun, und das ist meine Lebensgrundlage. Früher hatten Länder Könige und diese Könige waren für die Menschen zuständig, sie gaben ihnen Schutz und das, was sie brauchten. Auf diese Könige haben sie ihre Hoffnung gesetzt, nicht auf ihre Nachbarn, nicht auf einen Kriegsherrn, sondern allein auf einen Mann, der für sie da war, der ihnen einen Schutzraum zugesichert hat.

Dieses Beispiel aus der Geschichte kann ich anwenden auf mein Leben mit Jesus. Jesus ist für mich dieser König, der mir diesen Schutzraum gibt. In ihn setze ich meine ganze Lebenshoffnung, die ich habe. Ich weiß, er wird mich nicht

enttäuschen, er ist da, wenn ich ihn brauche, er gibt mir, wovon ich nicht genug habe und kümmert sich darum, dass es mir gut geht.
Ich habe in meinem Leben auch Menschen getroffen, die so tief unten versackt waren, dass sie überhaupt keine Hoffnung mehr für sich gesehen haben. Als Günther und ich jung verheiratet waren, habe ich eine Jugendgruppe geleitet. Ein junger Mann aus der Gemeinschaft hat sich damals das Leben genommen. Das hat mich bestürzt und auch erschrocken, ich hatte sehr viel Hoffnung in ihn gesetzt und gar nicht geahnt, was in ihm vorging. Er hat nicht gezeigt, wie es in ihm aussah.
Ich kann aber verstehen, dass manche Menschen „nicht mehr wollen“, weil sie einfach keinen Punkt in ihrem Leben haben, an dem sie ihre Hoffnung festmachen könnten. Das lässt sie aus dem Takt geraten und sie sind mitunter derart entwurzelt, dass sie sich manchmal zu diesem Schritt entscheiden. Andere verfallen dem Alkohol oder anderen Süchten. Ich bin häufig in meinem Leben mit solchen Schicksalen konfrontiert gewesen. Ich habe dann versucht, ihnen zu zeigen, wo sie in ihrem Leben Hoffnung festmachen können. Nicht alle konnten das annehmen, das musste ich auch akzeptieren. Wenn ein Mensch eine Entscheidung trifft, ist für mich wichtig, dass das akzeptiert wird. Das fordere ich für mich ein, aber das gestehe ich auch anderen zu. Wenn jemand nicht den Weg gehen möchte und darin keinen Sinn sieht, ist das für mich in Ordnung. Trotzdem habe ich versucht, ihnen zu helfen. Oft ist es mir gelungen, dass ich jemanden erreichen konnte, andere haben andere Wege aus der Hoffnungslosigkeit gefunden. Für beides war ich jedes Mal dankbar.

Man hört auch immer mal wieder Sätze wie: „Ich hoffe darauf, dass das Wetter schön wird“, – das ist für mich eigentlich eine Erwartung. Ich erwarte in diesem Moment, dass es toll wäre, wenn (...). Das ist für mich keine Hoffnung. Hoffnung ist für mich etwas, worauf ich mein Leben setze. Sie hat mit einem festen Glauben zu tun. Alles andere sind menschliche Erwartungen, die man hat.

Rückblick aus dem Tagebuch

Wann kann man gehen?

Wir sprechen mit Freunden über die Bereitschaft, die Erde zu verlassen. Was braucht man, um zufrieden in den Himmel zu gehen. Wir kommen auf fünf wichtige Punkte:

1. Man muss wissen, dass die Aufgaben auf der Erde für mich erfüllt und abgeschlossen sind

Ich habe bei mir den Eindruck, meine Aufgaben sind vollendet. Das klingt seltsam, bin ich doch erst 60 Jahre alt. Aber ich fühle, die Aufgaben sind erfüllt. In Sachen Familie sind alle so erwachsen geworden, auch die Enkel, die wir zehn Jahre eng begleitet haben. Mein Sohn und seine Familie gehen einen so guten Weg. Meinem Mann bringe ich grade noch das Kochen bei, er lernt schnell, er wird sein Leben schaffen. Ich sage ihm, er soll noch einmal heiraten ... er weiß es noch nicht. Dass

ich keine Fürsorge für die Familie mehr haben muss, diese Sorge muss erledigt sein.

Meine Aufgabe in der Kirchgemeinde ist erfüllt, ich konnte vieles anstoßen, jetzt darf ich alles delegieren und es ist in guten Händen. Mein Dienst in der Frauen Gebetsbewegung, den ich 17 Jahre ausgeführt habe, ist ebenfalls in gute Hände übergegangen. Das ist sehr schön zu sehen.

Es ist vollbracht, hat Jesus gesagt, als er seinen Auftrag beendet sah, das kann ich von meinem Lebensauftrag auch sagen. Das ist ein gutes Gefühl.

2. Dass man die Erlaubnis hat, dass man gehen darf und losgelassen wird

Dass man liebe Menschen loslassen muss, ist für beide Seiten eine große Herausforderung. Wenn man das Gefühl hat, dass liebe Angehörige einen nicht loslassen können, dass sie schier verzweifeln, wenn man gehen muss, dass sie einen innerlich festhalten, wird das Abschiednehmen von der Erde schwer.

Ein naher Verwandte, der im Koma lag, konnte nicht sterben. Er lag einige Tage auf der Intensivstation, aber die Ärzte hatten keine Hoffnung mehr. Im Kopf war zu viel durch den Schlaganfall in Mitleidenschaft gezogen worden. Und die letzten Worte seiner Frau, die er hörte, waren: „Lass mich nicht alleine!!“. Er konnte nicht gehen, bis seine Frau bereit war zu sagen: „Es ist OK, ich lasse dich los“. Wenige Stunden später hörte sein Herz auf zu schlagen.

3. Man muss die Bereitschaft haben, selber loszulassen

Da bin ich selbst gefragt, meinen Abschied aktiv zu gestalten, abzugeben. Und das schwerste ist das eigene Leben. Es kann gelingen, wenn wir üben. Jemand sagte: „Es kommt die Zeit, da muss man seine schönsten Stücke seinen liebsten Freunden schenken.“ Loslassen kann man lernen, weil wir uns ja selbst am Ende loslassen müssen.

4. Beziehungen klären

„Bin ich undankbar?“, frage ich meinen Mann. „Ich bin in Sorge, dass ich meiner Umgebung durch Nörgelei oder Klagen zur Last falle.“ „Nein, gar nicht“, sagt er, „du bist zufrieden“. Wie kann man dankbar und zufrieden sein?

Wenn ich im Bett liegen würde mit einem Herzen, das bitter geworden ist, wegen der Ungerechtigkeit, die man mir angetan hat, würde ich nicht dankbar sein können. Wenn mir die Verletzung ständig vor Augen stünde, die ich erlitten habe, würde ich nicht zufrieden sein können. Mein Herz muss davon frei sein, bedeutet, meine Beziehungen zu Menschen müssen sich geklärt anfühlen. Sicher, mancher Mensch ist schon gestorben, da kann ich nichts klären. Mancher würde auch nicht einsehen, dass er mit mir etwas zu klären hat, aber ich kann loslassen. Ich kann den Menschen vergeben, es ihnen nicht anrechnen. Das befreit.

Mir wurde auch vergeben, darum will ich vergeben. Übrigens ist es das Thema, über das Jesus am meisten gesprochen hat. Es ist der Kern des Christlichen Glaubens. Und wo mir etwas auffällt, kann ich die Klärung suchen, kann um Vergebung bitten, wenn nötig. Aber ich will in den Frieden kommen, ich will ein zufriedener Mensch sein.

5. Man braucht eine Perspektive für danach

Wenn mit dem Sterben alles zu Ende wäre, stelle ich mir das Abschiednehmen von der Erde schwierig vor. Ich habe etwas, was mich erwartet, eine wunderbare Zukunft, wo Jesus sagt: „Da gibt es ein Zuhause bei mir." Im Hause seines Vaters gibt es Wohnungen, es wird dort wunderschön. Ich habe viele

Himmelslieder von unseren Eltern gelernt. Die Freude auf den Himmel ist größer als die Traurigkeit des Abschieds von der Erde und von meinen Lieben.

Das wäre mein Rat

Wie gehe ich mit einer Krebserkrankung um?
Mein Rat wäre, einen Moment innezuhalten und das Thema in sich aufzunehmen „Ich habe Krebs". Sich dann aber direkt damit auseinanderzusetzen, auch verbal. Wenn man merkt, dass man allein damit nicht zurechtkommt, sollte man sich so schnell wie möglich jemanden suchen, der einen begleitet. Auf keinen Fall vergraben, lieber offensiv damit umgehen, es in sich hineinzufressen fördert den Krebs erst noch. Ich würde auch dazu raten, sich mit seinem Krebs zu unterhalten. Ich habe meinem keinen Namen gegeben, aber ich schimpfe mit ihm. Setzen Sie sich intensiv mit dem Thema auseinander und zwar schnell. Schieben Sie nichts auf die lange Bank, es könnte sonst zu spät sein.

Soll ich mich für oder gegen eine Chemo entscheiden?
Ziehen Sie sich zurück, informieren Sie sich gründlich über beide Wege. Treffen Sie nur eine Entscheidung, wenn Sie damit zu 100 % selbst übereinstimmen können. Machen Sie nichts für andere, finden Sie Ihren inneren Frieden und Ihre Festigkeit in Ihnen selbst. Das müssen Sie für sich alleine entscheiden. Sobald jemand an der Entscheidung beteiligt ist, ist es keine eigene Entscheidung mehr und die Gefahr, die Schuld auf jemand anderen schieben zu können, groß. Schaffen Sie sich lieber ein Fundament, auf dem Sie stehen können.

Wie soll ich mit Pflegebedürftigen umgehen?
Pflegebedürftige wollen nicht bemitleidet werden, das ist schwer zu ertragen, wenn einem andere sagen, wie furchtbar sie es finden, was ich durchmachen muss. Damit kann

ich nur schwer umgehen, das zieht Pflegebedürftige auch runter. Gleichzeitig offen und ehrlich bleiben und nichts vorenthalten.

Wie gehe ich mit meinem Partner um, wenn eine existentielle Diagnose gestellt wurde?
Mir war wichtig, dass Günther meine Entscheidung respektiert und dass er sich mit mir einig darüber macht. Und das nicht gezwungenermaßen, er darf den Weg auch anders gehen, aber er muss meinen Weg akzeptieren. Weil, wer das nicht hat, hat keinen Rückhalt in seinem Partner und damit noch etwas, wo er kämpfen muss. Das ist schwer für jemanden, der so eine Diagnose bekommt. Sprechen Sie lieber immer wieder miteinander und geben sich die Chance, sich gegenseitig anzunähern, auch zu fragen, ob der andere etwas mitgehen kann und die Vorgehensweise in Ordnung ist. Lieber darüber sprechen, was man sich anders wünscht oder vorgestellt hätte, statt sich abzugrenzen und ins Schweigen zu verfallen.

Wie gehe ich mit meinen Freunden und meiner Familie um, wenn eine existentielle Diagnose gestellt wurde?
Ich habe es allen gleich offen gesagt. Seien Sie nicht verunsichert, wenn Sie nicht die Reaktionen bekommen, die Sie erwarten, Menschen gehen sehr unterschiedlich mit solchen Nachrichten um. Gestehen Sie ihnen zu, dass sie erstmal damit fertig werden müssen und geben Sie ihnen Zeit und Raum. Das ist nicht einfach und das erfordert mitunter, dass man auch an sich selbst arbeiten muss. Ich selbst bete dafür, dass Gott mir Kraft gibt, damit ich damit umgehen kann, weil das ist nicht leicht zu verdauen.

Gerade wenn man bei Familienangehörigen auf Unverständnis trifft.

Was muss ich regeln, wenn ich eine existentielle Diagnose bekommen habe?

Ich würde sagen, dass am wichtigsten ist, ob und wo man Unterstützung und Rückhalt bekommen kann für die Zeit, die einem bleibt. Ich würde das also bei meinen Lieben an- und absprechen. Mitunter muss man sich dann von Gewohnheiten trennen, bei mir war es meine Heimatstadt, damit man die Fürsorge und Hilfe bekommen kann, die man brauchen wird. Scheuen Sie sich auch nicht davor, Hilfe anzunehmen. Für mich persönlich war es noch wichtig, meine Angelegenheiten zu regeln, wer meine Sachen bekommt mit meinem Mann zu besprechen, wie meine Beerdigung ablaufen soll, usw. Ich bin sehr offensiv an diese Themen rangegangen, weil ich die Krankheit akzeptiert und in mein Leben mithineingenommen habe, statt es zu verdrängen. Wichtig ist auch, sich um die Patientenverfügung zu kümmern. Wenn das jemand noch nicht gemacht hat, sollte das sowieso angegangen werden. Es ist auch gut, sich frühzeitig zu informieren, ob es einen Palliativdienst sowie Pflegekräfte in der Nähe gibt und wie das alles geregelt wird, damit das fertig ist, bevor man die Hilfe braucht.

Wie schaffe ich es, besser mit der Diagnose umzugehen?

Suchen Sie sich Hilfe, bleiben Sie nicht allein, nehmen Sie jede Hilfe, die Sie kriegen können, an. Und es gibt viel: Seelsorge, Seminare, Selbsthilfegruppen – nehmen Sie das in Anspruch, wenn Sie es schwer haben, damit zurecht zu kommen. Scheuen Sie sich nicht davor. Wenn Sie einsam sind, ist das in dieser Situation schlecht. Sie brauchen Menschen um sich herum, die Ihnen helfen, das aufzuarbeiten und in den Griff zu kriegen. Gestehen Sie sich ein, dass Sie Hilfe brauchen, bleiben Sie nicht allein mit so einer Diagnose, das zieht Sie unnötig runter.

Wie gehe ich damit um, wenn ich ein schlechtes Gefühl mit einem Arzt habe?
Gar nicht lange überlegen, suchen Sie sich sofort jemand anderen. Versuchen Sie auch hier nicht, das Thema allein anzugehen, gehen Sie zumindest zu zweit, vier Ohren hören mehr als zwei, vier Augen sehen mehr als zwei. Gerade zu Erstgesprächen gehe ich nie allein – zusammen kann man im Nachhinein die Situation auch besser erfassen. Vielleicht hatte ich in dem Moment eine falsche Wahrnehmung und habe deshalb etwas anders verstanden. Bei Ärzten kommt noch das Problem hinzu, dass sie oft Fachchinesisch sprechen und man selbst so geplättet und mundtot aufgrund schlimmer Nachrichten sein kann. Die Person, die Sie begleitet, kann dann nochmal aus einer anderen Perspektive heraus eingreifen und nachfragen: „Wie haben Sie das jetzt gemeint?".

...zum Thema Identität
Jeder Mensch sollte sich auf die Suche danach machen, wer er wirklich ist. Jeder muss das von sich wissen. Wer das nicht tut, ist feige.

… zum Thema Werte
Ein Mensch muss Werte haben. Wer keine hat, ist verloren in dieser Welt, denn dann ist er hin und hergerissen. Werte sind wichtig, um in der Gesellschaft miteinander klarzukommen. Wenn eine Gesellschaft keine Werte hat, geht sie unter. Und wenn ich selbst keine Werte habe, habe ich auch keine Identität, das hängt signifikant miteinander zusammen.

… zum Thema Glaube und Spiritualität
Eigentlich hat jeder Mensch einen Glauben. Mein Rat ist, sich auf die Suche nach dem Glauben zu machen, der für einen richtig ist. Einfach darauf schauen, was einem wichtig ist im Leben und sich dahingehend öffnen. Ich selbst habe einen Glauben und mir ist wichtig, den Menschen diesen Glauben, der mich mein Leben lang so festgehalten hat und mir so viel Gutes gegeben hat, weiterzugeben und ihnen zu sagen, dass jeder die Möglichkeit hat, in Jesus Christus eine ganz feste Identität zu bekommen, zu erfahren, wer man ist und die Chance zu bekommen, das eigene Leben auf ein gutes Grundfundament zu stellen. So kann man lebenswert leben und sterben.

… zum Thema Zeit
Verplempern Sie sie nicht. Manchmal denke ich, wir tun so viele Dinge, sobald aber eine existentielle Diagnose ins eigene Leben kommt, ordnet man Zeit direkt anders ein. Plötzlich fragt man sich, was ist jetzt wichtig, was ist heute wichtig, was ist überhaupt wichtig? Auf einmal wird das mit den Prioritäten ganz einfach. Man sollte sich die Zeit

nehmen, darüber nachzudenken, was jetzt für einen dran und wichtig ist und im Heute leben.

... zum Thema Familie

Ich kann jeden Tag auf ein Schild an meiner Wohnzimmerwand schauen. Darauf steht: „Familie ist, wo Leben beginnt und Liebe niemals endet“. Das ist für mich Familie. Seien Sie sich darüber bewusst, dass da das Leben begonnen hat und dass es ein Leben sein sollte, in dem die Liebe in der Familie niemals endet. Es ist schade, dass so viele Familien heute so zerstritten sind. Damit meine ich keine Scheidungen, das passiert. Aber wer in seiner Familie diese Liebe lebt und dem anderen diese Liebe zugesteht, gibt anderen solch einen festen Halt.

... zum Thema Ehe

Ehe ist ein Arbeitsfeld, an dem man sein Leben lang arbeiten muss, sodass die Beziehung, die man zueinander hat, nicht untergeht. Sie darf nicht von Arbeit aufgefressen werden oder weil ein Paar nicht mehr miteinander spricht. Ehe ist Arbeit, Ehe kostet Kraft, aber es ist das Beste, was man haben kann. Sie ist Halt. Aber man darf sie nie für selbstverständlich nehmen oder denken, dass man sie verstanden hat. Es wird immer etwas Neues auf einen zukommen und man muss immer wieder bereit sein, daran zu arbeiten, am WIR und an dem DU, statt zu sehr am ICH.

... zum Thema Kindererziehung

Geben Sie Kindern einen festen Halt, indem Sie ihnen Grenzen setzen. Nicht unmenschliche Grenzen, es ist aber wichtig, sie nicht grenzenlos aufwachsen zu lassen, sonst werden sie haltlos. Vertrauen Sie ihnen und geben Sie auch mal einen Vorschuss an Vertrauen, sodass sie langsam lernen, stufenweise ins Leben hineinzukommen.

... zum Thema Großeltern

Mein Rat an Großeltern ist, immer ein offenes Ohr für die Probleme der Kinder zu haben und sich selbst nicht so wichtig zu nehmen und bereit zu sein, etwas, was man für sich selbst als wichtig erachtet hat, an die Kinder weiterzugeben. Und zwar in einer offenen Art, ohne Druck. Als Eltern hat man Druck mit der Erziehung, da muss man. Als Großeltern ist es ein Kann und diese Chance sollte man nutzen.

... für aktive Menschen

Nutzen Sie Ihre Aktivität volle Pulle aus, aber achten Sie auch darauf, zur Ruhe zu kommen. Das habe ich selbst zu wenig gemacht und deshalb bin ich immer wieder an meine Grenzen gestoßen. Nehmen Sie sich die Freiräume, um auch mal einen Gang runterzuschalten und planen Sie diese ganz bewusst in Ihren Tagesrhythmus mit ein.

... für introvertierte Menschen

Introvertierte Menschen sollten sich andere Menschen suchen, die extrovertiert sind, damit diese sie aus ihrer Zurückgezogenheit rausholen. Sie sollten nicht mit ihrer Introvertiertheit alleine bleiben.

... für Pessimisten

Mag ich nicht. Ich kann ihnen nur raten eine Dankbarkeitsliste zu machen, aber meistens machen sie das nicht.

… für Hochsensible (HSPler)

Hochsensible haben es nochmal einen Tacken schwerer. Sie müssen lernen, sich Freiräume zu schaffen, weil die Hochsensibilität einen sonst erdrückt. Wer beispielsweise oft mit Menschenmassen zu tun hat, muss davon ausgehen, dass die vielen Eindrücke einen fertig machen, wenn man nicht genug Pausen einbaut. Es macht auch Sinn, herauszufinden, auf welchen Gebieten Sie hochsensibel sind. Besuchen Sie ruhig ein Seminar dazu oder treffen Menschen, die sich auf diesem Gebiet gut auskennen.

… zum Thema Trauer

Als aktiver Mensch rate ich Ihnen dazu, die Trauer aktiv anzugehen. Lassen Sie die verschiedenen Trauerschritte zu, rebellieren Sie, seien Sie traurig, seien Sie wütend – Sie dürfen das. Bleiben Sie dabei aber aktiv, sonst droht die Gefahr, in einem dieser Schritte hängenzubleiben. Schauen Sie also darauf, ob Sie selbst zum nächsten Schritt gehen können oder ob Sie Hilfe dabei brauchen.

… zum Thema Tod

Ich habe mich schon immer mit diesem Thema auseinandergesetzt, ich habe die Leinentücher für meinen Sarg seit Jahren im Schrank. Der Tod gehört zum Leben dazu. Als praktizierende Christin habe ich kein Problem mit dem Tod, denn ich weiß, in dem Moment wo ich sterbe, wird Jesus da sein und mich abholen. Ich werde da sein, wo er mich haben will, ich werde bei ihm sein. Deshalb ist der Tod für mich keine Bedrohung. Wer keinen Zugang zu der eigenen Endlichkeit findet, mit dem er gut leben kann, sollte auch damit nicht alleine bleiben, denn das kann zu

Depressionen führen. Mein Rat ist dann wieder, sich Hilfe zu suchen.

... zum Thema Zufriedenheit
Zufriedenheit wächst aus Dankbarkeit, und diese Dankbarkeit muss ich lernen. Lerne ich das nicht, werde ich auch nie zufrieden sein.

... zum Thema Lebensauftrag
Ein Lebensauftrag kann, wie das Wort schon sagt, ein ganzes Leben gehen. Manchmal wechseln aber die Aufträge. Wer mit 40 beispielsweise eine Krise hat, muss vielleicht seinen Lebensauftrag ändern. Das ist für mich also kein starrer Begriff. Trotzdem ist es wichtig, sich selbst auf die Suche danach zu machen und herauszufinden, was man selbst im Leben bewirken kann.

... zum Thema „Schieberitis"
Schieben Sie nichts auf, aufschieben ist schlecht und auch dumm. „Ich mach das morgen" gibt es bei mir nicht, was ich heute kann besorgen, das schiebe ich nicht auf morgen.

... zum Thema Ziele setzen
Ich finde es wichtig, sich Ziele für das eigene Leben zu überlegen. Auch Tages- oder Wochenziele sind gut, um nicht haltlos zu werden. „Mal sehen, was ich heute mache", finde ich furchtbar. Auf ein Ziel kann man zugehen, es gibt einem Struktur. Das ist für mich nochmal wichtiger geworden in meiner Krankheit. Manche Ziele werden Sie nicht erreichen, aber darum geht es auch nicht, es geht um

den Weg und dass Sie nicht kopflos nach links und rechts laufen, sondern sich fokussieren.

... für deine Freunde
Ich habe es sehr geschätzt, dass Ihr meine Freunde seid und dass Ihr Euch auf mich eingelassen habt. Das finde ich beachtlich, auch dass Ihr mich ausgehalten habt. Deshalb ist mein Rat: Sucht Euch vielleicht beim nächsten Mal ein bisschen unkompliziertere Menschen aus als mich.

... für meinen Mann
Wenn ich nicht mehr da bin, leb dein Leben so, wie du es nur kannst. Entscheide frei und fühle dich von nichts gezwungen oder festgehalten.

... für meinen Sohn
Komm ein wenig zur Ruhe, versöhne dich mit deiner Vergangenheit und sei weiter so ein fester Kerl, wie du jetzt bist und solch ein liebevoller Papa. Aber fühl dich nicht für alles verantwortlich.

... für meine Schwiegertochter
Alex, bleib so wie du bist, du machst das wunderbar. Bleib so ein fröhlicher Mensch und für die Kinder so eine liebevolle Freundin. Es ist toll, dass sie dich alle so liebhaben. Ich kann dir gar nichts anderes raten und sagen. Ich liebe dich.

... für meine Enkeln
Findet euren eigenen Weg, aber nehmt auch den Rat von euren Eltern und Großeltern an. Hört auf das, was sie

sagen, sie geben euch keinen Rat, weil sie über euch bestimmen wollen, sondern weil sie euch lieben. Nehmt sie wichtig und nehmt euch wichtig.

Nachwort von Ben Schulz

„Mein Junge, wenn du das liest bin ich schon bei Jesus. Es geht mir jetzt so gut, ich bin dir nur schon mal vorausgegangen. Ich möchte dir nur sagen, wie sehr ich dich liebe und wie glücklich ich über dich war in all den Jahren."

Weinend saß ich auf meinem Bett im Schlafzimmer und las diese Zeilen aus dem Brief, den mir mein Vater an dem Tag der Beerdigung meiner Mutter gegeben hatte. Acht Wochen bevor sie starb, hatte sie einigen Menschen aus der Familie noch einen persönlichen Brief geschrieben.

Die letzten zwei Wochen waren gefühlt die härtesten in meinem Leben. Ich habe die Situation mehr als unterschätzt und mein zerrissenes Herz liegt gerade so offen herum, dass ich manchmal denke: Das packe ich nicht.

Meine Mutter und ich hatten in den letzten 10 Monaten eine der intensivsten Zeiten miteinander. So nah waren wir uns seit meiner Kindheit nicht mehr. Fast jeden Abend saßen wir zusammen. Zum Ende hin lag sie im Pflegebett im Wohnzimmer, manchmal sprach keiner ein Wort. Nur der Ton vom Handy war zu hören, wenn wieder eine Nachricht für sie kam. Bing. Bing.

Ich erinnere mich, wie oft ich mit der Faust in der Tasche nach einem Besuch bei ihr nach Hause gefahren bin. Zorn, Wut und Trauer waren gepaart mit Hoffnungslosigkeit und Handlungsunfähigkeit. Schon ihre Entscheidung keine Chemotherapie zu machen, war für mich ein harter Brocken, den ich als ihren Weg so akzeptieren musste. Zu wissen, dass diese Entscheidung auf alle Fälle der Tod für sie sein wird, war in dem Moment die Pille, die ich schlucken musste. Es war fraglos schwer, nicht in die Gefahr zu kommen, sie überreden zu wollen. Schließlich hatte sie zwar ihre traurigen Erfahrungen gemacht, aber ich habe auch einen Nachbarn, der nach einer Chemo nun wieder ganz gesund ist und sein Leben lebt. Dennoch war ich stark, ich habe sie nie gefragt, ob sie es nicht doch probieren wolle. Stattdessen habe ich sie, wie der Rest meiner Familie, auf ihrem Weg begleitet.

Aber die Konfrontation mit Fragen von ihr, einige Monate bevor sie starb, wie: „Mein Junge, kannst du mich gehen lassen?“, machten mich zornig. Wie konnte sie es wagen, mir so eine Frage zu stellen? Was sollte ich denn darauf antworten? Etwa „ja klar“? Das konnte ich nicht.
Oder: „Könntest du mal dein Notebook mitbringen, ich würde gerne mal mit dir meine Todesanzeige gestalten?“. Darauf konnte ich nur fragen, ob sonst alles in Ordnung bei ihr sei. „Das machen wir, wenn es soweit ist. Ich schicke dir auch keinen aus der Agentur“. Sie hat mich danach nicht nochmal gefragt. Aber Situationen wie diese überforderten mich emotional derart, dass Zorn mein einziges Ausdrucksmittel wurde.

Ich hatte oft das Gefühl, dass sie ihr Umfeld überforderte. So wie sie damit umgegangen ist, war sie gedanklich auf dem Weg der Akzeptanz wesentlich weiter als alle, die sie traf. Sie hatte einfach keine Angst vor dem Sterben. Sie wusste, was sie wollte und wo die Reise hingeht.

Ihre große Fürsorglichkeit gegenüber der Familie brachte sie dazu, alles zu ordnen, was ging: Einen Tag nach ihrer Diagnose dachte sie bereits über ihre Trauerfeier nach. Als Uwe Klössing, ein befreundeter Fotograf, im Sommer 2018 zu Besuch war, ließ sie Bilder von sich machen. Eines davon hatte sie sich ausgesucht. Es stand auf einer Staffelei neben ihrem Sarg. Sie machte einen Termin mit dem Bestatter aus, nähte das Innenleben ihres Sargs usw. ... bis alles fertig vorbereitet war.

Am Abend des 8.7.2019 saßen mein Vater und ich an ihrem Bett. Wir spürten schon, dass wir wahrscheinlich nicht mehr lange warten mussten. Mama hatte seit einigen Tagen nichts mehr zu sich genommen und ihre Atmung erinnerte mich vom Geräusch her an eine Shisha, an der drei Leute gleichzeitig ziehen. Irgendwann stand mein Vater auf und legte seine Hand auf ihre Stirn und fing an zu sprechen:

Der HERR ist mein Hirte, mir wird nichts mangeln.
Er weidet mich auf einer grünen Aue und führet mich zum frischen Wasser.
Er erquicket meine Seele. Er führet mich auf rechter Straße um seines Namens willen.
Und ob ich schon wanderte im finstern Tal, fürchte ich kein Unglück; denn du bist bei mir,
dein Stecken und Stab trösten mich. Du bereitest vor mir einen Tisch im Angesicht meiner Feinde. Du salbest mein Haupt mit Öl und schenkest mir voll ein. Gutes und Barmherzigkeit

werden mir folgen mein Leben lang, und ich werde bleiben im Hause des HERRN immerdar.

Diesen Vers hatte sie oft zitiert. Mein Vater strich ihr über den Kopf und ich hielt ihren Arm ganz fest. Mein Herz schrie: „bitte geh ... NEIN doch nicht ...“. Zerrissenheit und Ohnmacht. Ich hatte mir nicht vorgestellt, dass ich vor meinem 40. Geburtstag meine Mutter beerdigen muss. Die nächsten Sätze meines Vaters zerrten mich zurück in die Realität: „Esther, es ist alles gut. Du darfst gehen. Es ist alles gesagt und getan.“ Wenige Augenblicke später hörten wir ihren letzten Atemzug und sie ging von uns.

So hatte sie es sich gewünscht, im Kreise und in der Liebe ihrer Familie gehen zu können.
Am meisten hat mich ihre Zuversicht und Freude staunen lassen. Ihr lautes Lachen fehlt oft, was sie wenige Tage vor ihrem Tod noch hatte. Mit dem Wissen zu sterben, immer noch eher ein aufbauendes Wort für die zu haben, die sie besuchten in all den Monaten, hat mich und ihr Umfeld sehr beeindruckt.

Es ist ein beklemmendes Gefühl, Menschen zu besuchen, die nicht nur krank sind, sondern auf dem Sterbebett liegen. Man weiß, sie werden aus diesem Bett nicht mehr aufstehen. Zu wenige können mit solch einer Situation souverän umgehen, dafür erleben die Menschen heute sowas auch viel zu selten. Es gab eine Zeit, da gehörte das Sterben zum Leben dazu. Heute versuchen viele, weder sich noch anderen sowas zuzumuten. Und es ist auch nicht leicht, es fühlt sich an, als hätte man einen Sack auf den Schultern, der einen runterdrückt. Außerdem fehlen einem die Worte.

Viele kamen mit dieser Erwartung, mussten sich wahrscheinlich überwinden, den Weg zu ihr auf sich zu nehmen, schleppten den Sack auf der Schulter ins Wohnzimmer und wurden derart überrascht. Statt Trauerstimmung erwartete sie eher eine Geburtstagsfeier, mit Kuchen und „Hey, wie schön, dass ihr da seid". Zwei Arme die ihnen aus dem Krankenbett entgegengestreckt waren.

Da wussten viele gar nicht mehr, was sie machen sollten, so wenig hatten sie damit gerechnet. Aber nicht nur das, meine Mutter hat jedem etwas mitgegeben, hatte tröstende und aufbauende Worte. Sie hat das Spiel verändert. Hat sie in die Arme genommen und gesagt: „seid nicht traurig, es ist alles gut."

Ganz am Anfang ihrer Krankheit dachte ich bei mir: Ist das ein aufgesetzten Verhalten? Will sie nach außen hin allen zeigen, wie stark sie ist? Ich fragte mich: Wie kann es sein, dass das für sie alles so OK ist, sie so oft nur das Gute an ihrer Situation sah, während ich aus dem Negativen kaum rauskam? Ihr Verhalten war optimistisch, sie wollte genießen, sie feierte die letzten Male unter dem Motto: „Wie gut, dass wir das jetzt machen können!". Und ich fragte mich: Wann würde der Zeitpunkt kommen, an dem sie die Situation wirklich ernst nahm?

Irgendwann wurde mir bewusst, dass sie das ernst und genau so meinen musste, wie sie es lebte, denn sie lebte es

24/7. Niemand ist in der Lage ein falsches Bild über Monate aufrecht zu erhalten, schon gar nicht unter Schmerzen. Das war echt. Sie hat uns nichts vorgespielt, wollte uns nichts vormachen. Nein, es war ehrlich, authentisch. Sie freute sich auf den Himmel. Meinen Kindern sagte sie immer: *„Weinen ist OK, ich weine auch darüber, dass ich euch zurück lassen muss, aber denkt immer daran, wir sehen uns wieder“.*

Es ist alles gesagt, es ist alles getan ... alles hat seine Zeit. Mama, ich liebe dich und ich danke dir für dein Vorbild.

Die Geschichte hinter dem Cover

Ich (Ben) stand in seinem Esszimmer und starrte auf das Bild, das seinen Platz auf der kompletten Wand einnahm. Ein riesiges Gemälde, welches den Horizont darstellte.
Während Alain den Dimmer der Bildbeleuchtung betätigte, schien es plötzlich, als würde sich das Motiv bewegen. Der Horizont begann zu „leben" und während ich fasziniert dem Wechselspiel des Himmels zusah, zog es mich so sehr in seinen Bann und berührte mich emotional, dass mir die Tränen kamen.
Himmlische Traumlandschaften - diese Worte beschreiben seine Bilder am ehesten. Alain Mieg, geboren im Mai 1964 in der Schweiz, malt seit nunmehr über 25 Jahre Himmelswelten. Durch eine Nahtoterfahrung in seiner Kindheit ist der Himmel bzw. der Horizont zu seiner Bestimmung geworden, als freischaffender Maler mit seinen beiden Ateliers in der Schweiz und Österreich.
„In der Einsamkeit entstehen atemberaubende Himmelsbilder mit unendlicher Weite. Sie begleiten Betrachter in innere Welten. Zurück zur inneren Ruhe. Wenn die Betrachter sich in meinen Bildern wieder finden, wenn sie sich wohl und verstanden fühlen, wenn sie darin einen Ort entdecken, an den sie fliehen und entgleiten können, dann bin ich zufrieden."
Seit diesem Moment vor einigen Jahren im Esszimmer von Alain, begann eine Verbundenheit in einer Tiefe zwischen uns, die ich sehr schätze. „Der sensible Bär" so nannte er mich mal, in einem unserer letzten Telefonate.

Als meine Mutter in ihren letzten Wochen immer wieder den Himmel sehen wollte, aus dem Fenster blickte und den Himmel bewunderte, waren ihre Worte voll Freude: „Da gehe ich bald hin." Und während sie das sagte und aus dem Fenster blickte, musste ich oft an die Bilder von Alain denken.
Alain, ich danke dir, dass ich eines deiner Himmelsbilder für das Cover dieses Buches wählen durfte und wir auch hier wieder eine starke gemeinsame Verbindung miteinander haben, auch wenn sie mit tiefem Schmerz verbunden ist.
Zu dem Motiv, das ich mir aus seinen Bildern aussuchte, schrieb er mir folgende Zeilen per Mail:
Ich habe eben dieses Bild „wonderful place" in meinem Wohnzimmer, über dem Sofa, wo ich immer liege. Und es hat mir bereits so viel Wärme und Geborgenheit geschenkt, dass es mich überhaupt nicht verwundert, dass du gerade dieses Bild ausgewählt hast aus den Hunderten … ich bin ihm momentan am Nächsten …

www.alainmieg.com

Esther Schulz

geb. Vogel wurde am 4. Sept. 1958 in Hagen geboren. Sie wuchs in einer Pastorenfamilie auf und hatte zwei jüngere Brüder. Als Jugendliche richtete sie ihre Ausbildung darauf aus, Missionarskinder im Ausland zu unterrichten, weil es sie bedrückte, dass diese Kinder getrennt von ihren Eltern in Internaten leben mussten. Sie besuchte eine Fachschule für Soziales in Hagen, danach die theologische Fachschule, die ihre Eltern gegründet hatten. Der Schock kam, als klar wurde, dass sie untauglich für das Tropenklima war und ihr Ziel Missionarskinder zu unterrichten, nicht weiterverfolgen konnte.

Mit 19 Jahren heiratete sie ihren Mann Günther und arbeitete als Hauswirtschafterin, später Hauswirtschaftsmeisterin, an der Freien Theologischen Fachschule Breckerfeld.

Mit 40 Jahren wechselte sie gemeinsam mit ihrem Mann in den Gemeindedienst der Evangelischen Missionsgemeinde in Hagen, in der sie 20 Jahre als Diakonin wirkte.

Als ihr Mann zusätzlich die Berufung als Leiter der Internationalen Arbeitsgemeinschaft Mission (IAM e.V.) erhielt, unterstütze sie ihn nach besten Kräften.

Sie kam mit der FGB (Frauen-Gebets-Bewegung, früher DFMGB) in Westfalen-West in Berührung. Als Bezirksleiterin übernahm sie 15 Jahre lang die Betreuung von Gebetskreisen und organisierte Bezirkskonferenzen.

Sie hat einen Sohn, Ben, und sechs Enkel. Der Familie galt immer ihre erste Fürsorge. In ihrer Mitte ist sie im Frieden und mit großer Hoffnung am 8. Juli 2019 in den Himmel gegangen.

BEI JESUS -
ICH BIN VOM STERBEN
INS LEBEN GEGANGEN.

Esther Schulz
4. September 1958 - 8. Juli 2019